周りを優先し過ぎる
お疲れママのための

ご自愛レッスン

Mawari wo
yûsenshisugiru
OTSUKAREMAMA
notamemo
—
GOJIAI Lesson

Hase Shizuka
長谷静香

モラロジー道徳教育財団

周りを優先し過ぎる お疲れママのための ご自愛レッスン

Mawari wo
yūsenshisugiru
OTSUKAREMAMA
notameno
—
GOJIAI Lesson

Hase Shizuka
長谷静香

モラロジー道徳教育財団

「心の器《うつわ》と勇気のしずく」

私たちは心に勇気をためるための器を持っています。

もしその器がカラカラだったら？

わが家は出かけるときに
マイボトル（水筒）を持っていきます
でも、暑い日は
暑い 暑い
のどかわいた〜〜
あっという間に空っぽ
なくなっちゃった

でも大丈夫！
ママのお水が残っているよ!!
たっぷり♡
ポトンポトン
あなたのお水が
ボトルに残っていたら
他の誰かに
分けてあげられます

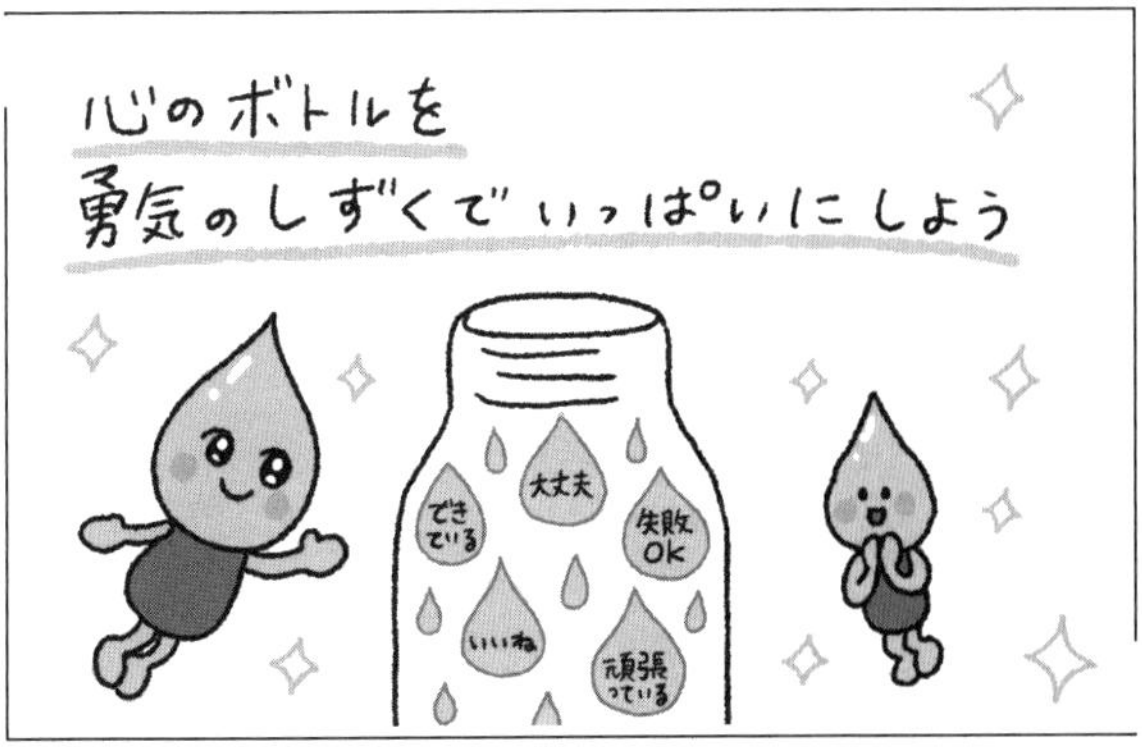

自分自身の心を満たすこと。
それが一番大事。
心の器に勇気のしずくがたまりますように。

はじめに

周りの人のために頑張り過ぎているあなたへ

あなたは、周りの人のために頑張り過ぎて疲れていませんか？

子どもや家族のために、自分のことを後回しにして苦しくなっていませんか？

「いいお母さんでいなきゃ」と思っていてもつい怒ってしまう。そんな自分に嫌《いや》気《け》がさし、自分を責めていませんか？

また、他者の言葉に振り回されてしんどくなっていませんか？

子育てや家事、仕事を頑張る↓頑張り過ぎて疲れてしまう↓誰もねぎらってくれない↓子どもたちは言うことを聞いてくれない↓イライラして怒ってしまう↓にこにこママでいたいのにそうなれない自分に自己嫌悪《けんお》……。

このような負《ふ》のループを繰り返す毎日を送っていらっしゃるかもしれません。
でも、この負のループから抜け出すための方法が二つあります。

①自分の心の声に気づき、聴き、語りかけること

②どんなことがあっても「そっか、そうだよねー、いいんだよ」と言ってみる

すると、頑張り過ぎの自分、イライラして怒ってしまう自分、つい自分を責めてしまう自分にもＯＫを出せるようになり、どんな自分にも居場所を与えてあげられるようになります。これは、「自己受容」につながっていきます。

どんな自分にもＯＫを出せるようになると、周りのいろいろな人にもＯＫを出せるようになり、人間関係もじょうずに築けるようになっていきます。

自己紹介がおくれました。はじめまして、長谷静香と申します。現在、心理カウンセラー、心理学講師として活動しております。二〇〇六年生まれの長女を筆頭に三姉妹の母でもあります。以前は十年間、大学病院で看護師として働き、退職後は手話で赤ちゃんと話をするベビーサイン講師になりました。しかし、長女が四歳、次女が一歳のときに自身の子育てに行き詰まってしまったのです。

コミュニケーションを教える講師なのに、看護師としても働いていたのに、自分の子どもがかわいいと思えない……。子どもにつらくあたってしまう……。講師失格、母親失格なのではないかと自分を責め続ける毎日でした。

ある日、インターネットで検索していて出合ったのがアドラー心理学です。そこから潜在意識、コーチング、さまざまな心理学を学びました。そして、学びを日常生活で実践していくことで〝不完全でもいい、怒ってもいい、子どもに対してそういう感情があってもいいのだ〟と思えるようになりました。それからは生きることが楽になり、自分とも他者とも心地よい人間関係が築けるようになったのです。

現在は医療・介護・行政・教育機関への研修などを全国で展開し、看護学校では人間関係論を教えたり、個人向けの講座やカウンセリングをしたりしています。

そんな私がおすすめしているのが「勇気づけ」と「心の器《うつわ》づくり」をベースにした『ご自愛《じあい》レッスン』です。

勇気のしずくと勇気づけについて

「勇気づけ」という言葉を聞いて、あなたはどのようなことをイメージされるでしょうか。

「勇気づけ」というのは、私がメインで学んで皆さんにお届けしているアドラー心理学の中の考え方です。

勇気づけというと〝子どもを勇気づける〟〝家族を勇気づける〟〝職場の人を勇気づける〟ように、自分以外の誰かを勇気づけるというイメージが強いのではないでしょうか。しかし、周りの誰かを勇気づけるよりも先に大切なことがあります。

私たちは心に勇気をためるための器を持っています。それが勇気のしずくで満たされていたら、他の誰かに勇気を分けてあげられますが、もし心の器がカラカラだったら、他の誰かに分けることも誰かを満たすこともできません。つまり、他者、周りの人を満たすことより先に、あなた自身の心の器を勇気のしずくで満たすことが大事なのです。

自分自身を大切にして、自分自身を勇気づけして心の器に勇気のしずくがたっぷりたまって、そこからあふれ出た一滴《いってき》がこぼれて、そこで初めて誰かを勇気づけることができます。

まずは自分を大切に、自分を満たしていくことが大事なのです。

自愛について

『広辞苑《こうじえん》』で「自愛」を引くと「自《みずか》らその身を大切にすること」とあります。まさに、私が伝えたい「自分を大切に、自分を満たしていくこと」が自愛なのです。

日本人は自分を愛するとか、自分を大切にするということを公《おおやけ》に口にすることに抵抗がある方が多いように感じます。しかし、実は昔からの日本文化の中に、自分を愛する習慣はあったのです。

あなたは、お手紙やメールを書くときに、決まって書き添える言葉はありませんか?

私は、あります。それが「ご自愛くださいませ」という言葉。おそらく、何千回も使っていることでしょう。日本の古き良き言葉です。

これは、無意識のうちに「ご自分を大切にされてくださいね」というメッセージをお相手に伝えていたのだなと気づきました。

私たちは幼いころ、周りの大人たちから他の人のことを思いやろう、大切にしようとは教えられてきました。しかし、自分を大切にする方法は、学校や家では教えられてきていません。だからこそ、優しく分かりやすい言葉ですぐに実践できる方法もふんだんに入れて『ご自愛レッスン』を届けたいと思いました。

なぜ心の器づくりが大切なのか

数年前、小学一年生向けの講演会で次のような質問を受けました。

「もし、お母さんの水筒（心のボトル）がなかったら、どうしたらいいですか？」

心のボトルがない？　そんなことはないだろうと思い、「お母さんにもあるので大丈夫ですよ」と返事をしました。

でも、「もしかしたら器が弱かったり、ひびが入っていたり、欠けていたりするかもしれない。そのようなときはどうしたらいいのだろう」と考えるようになりました。

その後、学びを重ねていくうちに私が大切だと思っていた「心の器（水筒・ボトル）」が心理学的にも「心的容器」として存在し、器を強くしていくことが大事だといわれていることを知りました。

次第に〝器がなければしずくをためることはできない。まずは心の器をつくっていくことが何よりも大事。だから、必要な方たちに器づくりの方法を届け、サポートしていきたい〟という思いが、ふつふつと湧いてきたのです。

心の器づくりは自分づくり

もう一つ、心の器づくりが大切だと考えるようになった要因がありました。私は小さいころから親や先生をはじめとした他人の目がすごく気になり、生きづらさを抱《かか》えていました。人の言動に左右されて一喜一憂《いっきいちゆう》する「他人軸」で生きていたのです。

アドラー心理学の考え方の一つに「課題の分離」というものがあります。これは、自分と相手の課題を分けるというもの。自分と相手の間に境界線を引く考え方ですが、学んだにもかかわらず、なぜか相手の領域に踏み込んでしまったり、逆に相手から踏み込まれたりすることがありました。

なぜなのかと悩んでいた数年前、ＨＳＰ（ハイリー・センシティブ・パーソン）という言葉を知りました。これはアメリカの心理学者エレイン・Ｎ・アーロン博士が提唱された概念です。簡単にいうと「とても敏感で繊細な」気質を持った人。当時の私は空気を読み過ぎて、相手の表情の裏の裏まで想像して苦しくなることがありました。そこでＨＳＰのセルフチェックをやってみると、ほとんどの項目にあてはまったのです。

「だからこんなふうに生きづらく感じることがあったのか……」と納得するとともに、ホッとしたのを覚えています。私自身、相手との境界線が曖昧《あいまい》だったのです。だから、相手のことも自分のことのように感じてしまい、それで苦しくなっていたのです。

しかし、心の器のことを学んでいくうちに枠《わく》や境界線を意識するようになり、また心の器の蓋《ふた》を自分で自由に開け閉めができるようになると、対人関係で悩むことが減っていきました。つまり、心の器づくり＝自分づくりなのです。

揺るぎない自分と揺れ幅のあるしなやかな軸がつくられると、自分の人生の主人公として歩むことができるようになります。そのためにも、まずは〝強靭《きょうじん》な器をつくること〟が何よりも大事なのです。

もしかしたら、今は器にひびが入ったり、欠けたりしているかもしれません。でも、ひびや欠けている部分があったら繕《つくろ》っていけばいいのです。日本に「金継《きんつ》ぎ」という伝統文化があるように、ひびや欠けは美しく繕うことができます。その金継ぎの柄は、きっとあなただけの人生の彩《いろど》りとなっていくことでしょう。

勇気のしずくをためる前に、心の器をつくっていくことが何よりも大事！　私も勇気づけを実践し、心の器づくりを重ねていく中で「私は私、これでいい！」と思える人生を歩めるようになりました。

あなたもこの本を読み進めながら、共に心の器を育《はぐく》んでいきましょう。

目次

第1章　あなたは人生の主人公

第2章 勇気のしずくと心の器

第3章

子育ての種まき

第4章 心地よい人間関係をつくり出す勇気

第5章

幸せに気づく人生を

本文デザイン　株式会社コンポーズ
イラスト　佐々木 奈菜
図　版　株式会社エヌ・ワイ・ピー

第１章

あなたは人生の主人公

自身の心の声を大切にしていますか

世界で一番大切にすべき人は誰でしょう

あなたに質問です。生まれてからずっと一番近くであなたを応援してくれている人は誰だと思いますか？　ご両親、祖父母、ご先祖さまと、いろいろな答えがあると思います。すべて間違いではありません。

しかし、ここで私が答えとしてお伝えしたいのは、あなたが生まれてから一番近くで応援してくれている人、それは「あなた自身」ということ。まずは自分自身を世界で一番大切な人として扱っていただきたいのです。ご自愛《じあい》ですね！

〝大切に扱う〟とは、あなた自身があなたの心の声をしっかりと聴き、欲求を満たすこと。世界で一番大切なあなたの欲求を、あなた自身が叶《かな》えてあげましょう。

人間関係を築いていくために大事なこと

勇気づけと共同体感覚：二つの重要な考え方

私は講座や講演で「勇気づけの子育て」をお届けする立場にいますが、私の軸であるアドラー心理学には、二つの思想があります。一つは「共同体感覚」。もう一つは「勇気づけ」です。共同体感覚とは、共同体（家族・地域・学校・職場・国など）の中での所属感・共感・信頼感・貢献感を総称したものです。

　人は一人では生きてはいけません。誰もが共同体の中で生きているのです。共同体感覚については、第４章で詳しく述べていきますので、

共同体感覚	共同体（家族、地域、職場）の中での所属感・共感・信頼感・貢献感を総称したもの。 →精神的な健康のバロメーター
所属感	自分には居場所がある。そして、自分には価値があると思える場所があると感じられること
共　感	相手の関心に関心を持つこと
信頼感	この世界は安全で、優しく、自分も他者も信頼できると感じられること
貢献感	自分は世の中や人の役に立っていると感じられること

出典：『アドラー心理学ベーシックコーステキスト』ヒューマン・ギルド刊より引用・改変

今はこの言葉だけを心にとめておいていただけたらと思います。

そして「勇気づけ」についてです。「勇気づけ」とは「困難を乗り越える力を与えること」です。これは、相手をよい気持ちにして何かをさせようとする「ほめること」とは違います。

この後に詳しく述べていく勇気づけのかかわりをし、共同体感覚を育てていけたら、よりよい人間関係が築いていけるでしょう。

勇気づけ・尊敬と信頼の心でかかわる

「ほめる」と「勇気づけ」の違い

最近は「ほめる子育て」をおすすめしている本もありますが、私がおすすめしているのは勇気づけの子育てです。「ほめる」と「勇気づけ」は、似ているようで実は大きく違います。まずは、勇気づけの子育てと旧来の賞罰《しょうばつ》の子育ての違いについてみてみましょう。

賞罰のかかわりでは、親と子の関係が上下、縦の関係になります。上から下への評価です。何かができたら「すごいね、えらいね」とほめる、ごほうびをあげる。何かができなかったら叱《しか》る、怒る、けなす、罰する。そして、できたかできていないかという結果を重視して相手を評価し、子どもがこちらの期待していることを達成したときに声をかけるというかかわりです。

それに比べ、勇気づけのかかわりでは、親と子の関係は横の関係になります。それは一方的ではなく、相互に作用します。相手の気持ちにどこまでも寄り添い、共感します。

何かができたから声をかけるのではなく、できてもできなくても、失敗したときでもどんなときでも言葉がけができるのが勇気づけです。何かができなかったり、失敗したとしてもそれを責めたり怒ったりするのではなく、そこに至る経過に注目をして声をかけます。また、その結末を体験させ、自分自身で学び、次の行動に活《い》かせるようにかかわります。

子どものマラソン大会を例にお話ししてみましょう。

もし、お子さんが一番になったら、ほめることはできますね。「頑張ったね！　一番だったね！　すごいね」と。しかし、百人中百番だったらどうでしょう。ほめることは難しいですね。

しかし、勇気づけのかかわりだと結果がどうであれ、声がかけられるのです。「最後まで走りきったね」「途中、一人抜いたよね」「腕の振りがかっこよかったよ」など。

もし、毎日頑張って練習していたのに風邪をひいてしまい、出られなかったとしたら……。賞罰のかかわりだと「何も声がかけられない」となってしまうかもしれませんが、勇気づけのかかわりだと次のように声がかけられます。「毎日マラソン大会に向けて、自主練習を頑張っていたよね」「お母さんね、あなたが頑張っている姿をいつも見ていたよ」と。

失敗したときでも、どんなときでも相手を尊敬、信頼し、声をかけられるのが勇気づけのかかわりです。

ただ、親子関係を含めて、すべての人間関係が横の関係ということに違和感を覚える方もいらっしゃると思います。もちろん、人はそれぞれ年齢や性別、役割などの違いはあります。年長者やご先祖さまを敬《うやま》うということは大事なことです。しかし、命の重さ、人間としての尊厳は同じです。私たち大人は、子どもよりちょっと先に生まれただけの存在なのですから。

賞罰のかかわり	勇気づけのかかわり
上下の関係	横の関係
相手を評価する態度	相手の気持ちに寄り添い、共感する態度
結果重視	経過重視
条件付き（相手が自分の期待していることを達成したとき）	無条件（相手が達成したときだけでなく失敗したときもあらゆる状況で）

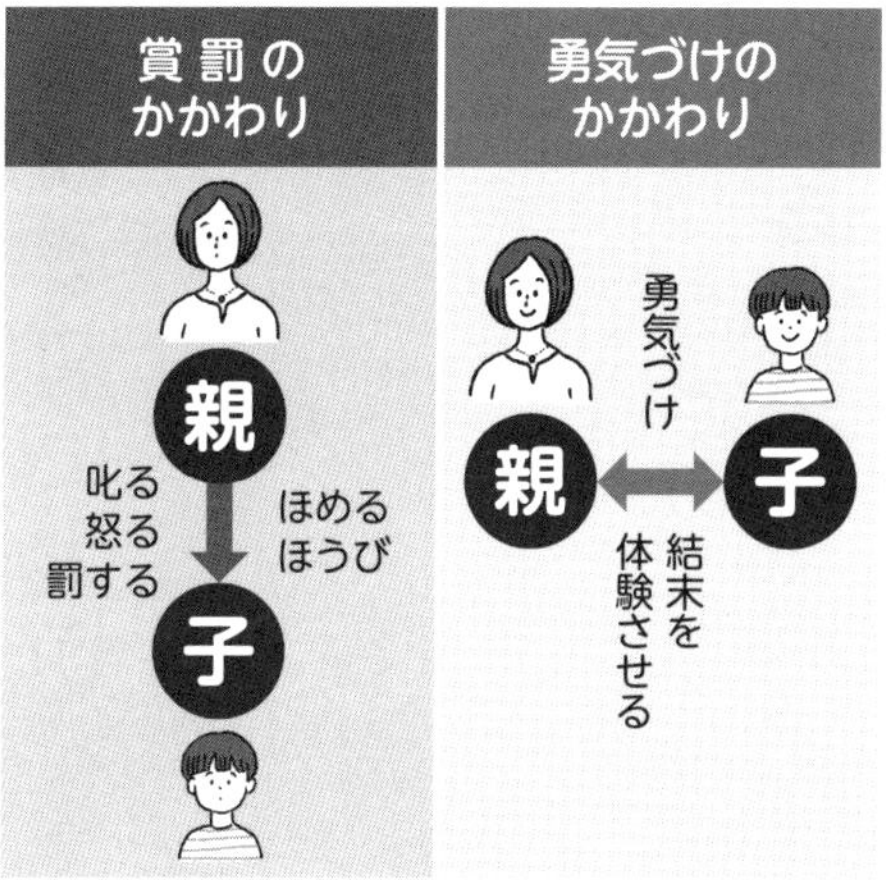

子どもや他者を勇気づける前に大切なこと

まずは自分ファーストで

勇気づけというと、誰かを勇気づけるのかと思いがちですが、そうではありません。まず大切なのは、自分自身を勇気づけることです。

子育てを始めると、自分のことは、二の次、三の次になってしまう方が多いと思います。でも先に述べたとおり、自分の心が満たされていないと誰かを勇気づけたり、優しくしたりすることはできません。まずは自分で自分をねぎらい、勇気づけましょう。誰かに優しくされるのを待つのではなく、自分で自分を優しくいたわりましょう。自分ファーストです。

美味《おい》しいお茶を飲んだり、ゆっくりとお風呂に入ったり、ヨガをしたり、散歩に行ったりするのもおすすめです。最近、私も散歩を始めました。近くの公園を一周して帰ってくるのが日課ですが、時折、お気に入りの美味しいコーヒー屋さんに寄って、自然の中でいただくこともあります。木々の間を通る風の音や鳥のさえずりを聞きながらいただく一杯のコーヒーは格別です。心が満たされる瞬間です。

そして、あなたがあなた自身の行動に一つひとつ声をかけていきましょう。あなたの心の声を聴き、対話します。

「できているよ」「そのままでOK」「頑張っているね」「大丈夫」「失敗してもいいんだよ」「いいね、いいね」

この言葉が一滴《いってき》ずつ心のボトルにたまっていきます。自分自身を大切にし、勇気づけして勇気のしずくが心にたっぷりとたまって、初めて子どもや他者を勇気づけることができるのです。

勇気づけは、まずは自分の心を満たすことから。そうすることで、満たされたあなたの心のボトルからあふれたひとしずくが、「ありがとう」の感謝の気持ちとともに、周りの人にも波紋のように広がっていくことでしょう。

実況中継で勇気づけ

自分の心に勇気のしずくがたっぷりとたまったら、次は子どもや他者を勇気づける番です！

「ありがとう」「うれしい」「助かったよ」「大好き」

このような言葉もおすすめです。感謝を伝える言葉、貢献感を育てる言葉、愛を伝える言葉は、言っても言われても気持ちがいいですね。

ただ、子どもや他者に勇気づけの言葉をかけるとき、どのような言葉が勇気づけなのか、ほめなのか、分からなくなることもあります。勇気づけとほめの言葉は、まったく別物というわけではありません。重なる言葉もあります。重なる言葉としては「すごいね」「えらいね」「いい子ね」などです。これらの言葉は使ってもいいのですが、使い過ぎると弊害《へいがい》が出てきます。

例えば、子どもがお風呂の掃除を手伝ってくれたとき「お風呂、洗ってくれたの！　すごいね！」とほめ言葉を何度も言っていたら「すごい」と言われるために掃除するようになったり、逆に「すごいね」と言われないとやらないようになったりするかもしれません。ほめることにはこのような弊害もありますが、私は三歳くらいまでは「ほめほめOK」だと思っています。まずは、ほめられることで自信がつき、自分のことがいいなと思えるようになるからです。乳幼児期は心の土台を育てる時期ですから。

子どもは幼稚園に入るくらいの年齢になると、先生や友だちなど周りの目を気にして行動したり、発言したりすることが多くなってきます。そうなると「ほめの弊害」も出てきます。ほめ言葉を言ってはいけないわけではありませんが、少しずつ勇気づけのかかわりにシフトしていったほうがいいでしょう。

最初は「勇気づけの言葉じゃなきゃいけない！」とかまえることなく、尊敬と信頼の気持ちを持って子どもに声をかけることから始めてみましょう。

勇気づけは、実況中継と考えてもらってもいいですね。

「お風呂、洗ってくれたね」「勉強、やっているね」「ごはん、食べたね」「歯、磨《みが》いたね」「失敗しちゃったね」「頑張ったね」と、子どもを観察し、見た事実をそのまま伝える。実況中継する。それだけでじゅうぶんです。まずは、実践してみましょう。

イライラしてもいいんだよ

ネガティブな感情もあなたの一部

ここでは、「イライラ・怒り」について考えてみたいと思います。保育園に通う二人のお子さんのママ、Sさんの例です。Sさんは勇気づけを学び、日ごろからできるだけ穏やかに過ごし、イライラしないようにしたいと思っていました。

ある朝のこと——。仕事のために八時には家を出なくてはいけないので、七時半には子どもたちも朝食を終え、保育園に行く準備も仕上げたい。でも、その時間を過ぎても子どもたちがダラダラとごはんを食べている。穏やかで優しいママでいたいのに「何時だと思っているの！　さっさと食べなさい！　保育園もママの仕事も遅れちゃうよ！」と怒り、イライラしてしまいました。

Sさんは、そういう自分に対して「イライラしている自分はダメな親だ」「イライラしないようにしているのに、やっぱりイライラしてしまう」と落ち込んで相談に来られました。あなたも同じようなこと、ありませんか？

ここでまずお伝えしたいのは、「イライラしてはいけない、怒ってはいけない」ではなく「イライラしてもいい、怒ってもいい」ということ。喜怒哀楽《きどあいらく》は春夏秋冬と同じように、誰にでも普通にあることです。怒りだけをポイッと外に出すのではなく、すべての感情を平等に大切に取り扱う。なぜなら、すべてあなたの一部だからです。そして、そのイライラの感情に気づき寄り添い、ネガティブな感情を持つ自分もどんな自分もＯＫと、自分のすべてを受け容《い》れられたら、すてきだと思いませんか？

しかし、そんなにすぐにどんな自分もＯＫだなんて、ポジティブに考えられないという方におすすめの方法があります。それは、イライラしている自分に対して、心の中のもう一人の自分が、「そっか、イライラしているんだねー、いいんだよ」と語りかける。これが、私がおすすめしている「そっか、ねー、いいんだよ」の法則です。

「そっか、ねー、いいんだよ」の法則でワンクッション置いてみる

まずは、「そうかー……」と重くではなく、「そっか」と軽やかに思いを受け止めることが大事です。そして、その感情に「イライラしているんだねー」と「ねー」をつける。あなたの中の穏やかで賢明なもう一人の自分が、あなたの感情をいいも悪いもなく受け止め、俯瞰《ふかん》して見てくれている。そして、「いいんだよ。イライラしても」と声をかけてくれる。ネガティブな自分、ブラックな自分にもOKを出し、「いいんだよ」と許していく。

このプロセスが自分を大切にするということにつながっていきます。「そっか、イライラしているんだねー。いいんだよー、イライラしても」と繰り返し語りかけることで心が落ち着き、浄化されてくるでしょう。そしてポジティブな言葉「どんな自分もOKだよ」に持っていく。無理にネガティブな気持ちをポジティブに持っていかなくてもいいのです。ぜひ「そっか、ねー、いいんだよ」の法則で、ワンクッション置いてみてください。

人間関係をつくる三つの側面

変えられるのは自分自身

あらゆる悩みは対人関係に行きつくと言われています。私たちはこの世の中、一人で生きていくことはできません。一つひとつ人間関係を築きながら、常に他者とかかわりながら生きています。しかし、そのかかわりの中で悩み、苦しみ、どうにかしたいと思うことも多くあるでしょう。

人間関係をつくり上げている三つの側面があります。一つ目は相手、二つ目は環境、三つ目は自分自身です。人間関係をどうにかしたいと思ったならば、この三つのうちのどれかを変えることになります。

まずは【相手】について、次のケースで考えてみましょう。

あなたは小学生と幼稚園の子どもがいる母親とします。小学校で役員をやることになりました。そこで出会った人たちは「自分の主張ばかりして、全然周りの意見を聞いてくれない」「委員長はいつも人に仕事を振ってばかりで、自分では何にもしない」という状況。

このような場合、あなたはどんなふうに考えますか？

「あの人、もう少し周りの人の意見を聞いてくれたらいいのに……」「あの委員長さん、口ばっかりで、少しは自分も動いてくれたらいいのに……」と不満に思うかもしれません。

大部分の人が人間関係で悩んだとき、最初に〝こうだったらいいのに〟と考えるのは、「相手がこうなればいいのに……。こうだったらいいのに……」だと思います。相手の心や言動を変えようとしているのですね。

でも、考えてみてください。もし誰かがあなたに「あなたのこういうところを変えてほしい」と言ってきても、「はい、分かりました」とすぐに変えることができるでしょうか。言われたからといって、すぐには変えられないこともあるでしょう。

他の人も同じです。人はそれぞれ自分自身の思いがあって、行動しています。人の心、相手を変えるのはなかなか難しいのです。

次に【環境】について見ていきましょう。

小学校で役員をやるということは、決定事項です。役員のメンバーが嫌《いや》だから、別の委員にしてくださいと言っても、すでに決まってしまったものはなかなか替えられないでしょう。また万が一、別の委員に替わることができたとしても、替わった先が自分の思いどおりの環境かどうかも分かりません。環境を変えるというのも、難しいようです。

最後は【自分自身】について考えてみましょう。

自分を変えることはどうでしょうか？　相手や環境を変えることに比べたら、かなり変えやすいのではないでしょうか。大きく変える必要はありません。あなたの考え、思い込み、見方を一ミリでもいいので変えてみる。

自己主張ばかりする方も口ばかりの委員長も、その人たちのことをどのように見るか。そして、その人たちに対してどのように対応していくかは、あなたが選ぶことができます。

反面教師として学びに活かす

例えば、自己主張ばかりする人についても「あんなふうに意見を言ってくれるから、物事が先に進んでいるんだな」と考えることもできますし、口ばっかりの委員長に対しても「もし自分が上に立つ立場になったら、あのようにならないように反面教師として学びに活かそう」と捉《とら》えることもできます。この嫌だなと思うメンバーの中でうまく関係が築けたら、次はどんな人たちとチームになっても大丈夫！　と思うこともできますね。

自分の見方、捉え方を変えていくことで、悩むことが多かった人間関係が変化していくのです。自分を変えて自分の心を整えていくと、人間関係の悩みも少しずつ解消されていきます。

相手や環境を変えることはできませんが、自分自身を変えていくことはできます。

相手を信じて謙虚になろう

誰もが持っている底知れぬ力

「変えようとするな、分かろうとせよ」という言葉をご存じですか？

私は心理学講師になりたてのころ、この言葉の意味をちゃんと理解していませんでした。

そのころの私は、自分がいいと思った心理学の学びを「たくさんの人に教えたい、必要な方に学んでほしい」「知ってほしい！」と思っていました。しかし、「この人にこそ受けてほしい！」「〇〇さんには絶対役に立つのに」と思っている方には思いが届かず、もどかしさを感じていました。

その後、アドラー心理学や潜在意識、カウンセリング、コーチングの学びを深めると、当時の私は周りの人に対し「教えたい、変えたい、助けたい」という気持ちが強かったことに気づきました。

〝このことを知っている自分はよくて、まだ知らないあの人はダメ〟と無意識に思っていたのです。今考えるととても恥ずかしいのですが、当時は傲慢《ごうまん》になっていたのかもしれません。

ちょうど同じころ、それまでにはなかった人間関係のトラブルがいくつか生じました。「今までこんなことなかったのに、どうしたのだろう……」と考えたとき、「私がこの人のことをどうにかしてあげなくては！　と思っているからだ」と気づきました。実はみずから上下の依存の関係をつくり出していたのです。

人にはそれぞれ自分で問題を解決する力があるのに、未熟だった私はその力を信じられていなかったのでしょう。謙虚さが足りず、相手の生きる力を根腐れさせる対応を私自身がしていたのです。

「生きる力を根腐れさせない」という言葉は、私が尊敬するあるカウンセラーさんの言葉です。

今の私は、この言葉を胸に、日々人とかかわったり、カウンセリングをしたりしています。

勇気づけのかかわりで大切な共感と謙虚さ

しかし、そのことに気づいてからは、相手にとことん寄り添うように心がけました。そして共感はしますが〝この方には乗り越える力があるのだからきっと大丈夫。この方の底知れぬ力を信じよう。解決する力があるからこの問題が起こっているのだ〟と思い、接するようになりました。

すると不思議なことに、その方はみずから問題を解決され、いくつかのトラブルも私の周りからなくなったのです。これには本当に驚きました。相手を心から尊敬し、底知れぬ力があることを信じ抜く。このような態度で接していくことが何より大事だとあらためて感じました。

信頼・尊敬というのは、「謙虚さ」という土台の上に成り立つのではないでしょうか。共感・謙虚・信頼・尊敬は勇気づけのかかわりとして本当に大切なのです。

つい私たちは、相手の話を聴きながら「うんうん、分かるよ、分かるよ」と言ってしまうことがあります。しかし、相手のことはそうそう簡単には分かりません。

大切なのは、相手のことを分かろうとしながらも、分かったつもりにならないこと。軽々しく「分かるよ」などと相槌《あいづち》を打つのではなく、相手のことを計りしれない存在と認め、人間の奥深さに畏敬《いけい》の念を持ち、かかわること。これこそが「謙虚さ」なのではないでしょうか。

自分で決める自分の生き方

大人の生き方は子どもに影響するのか

「親の背を見て子は育つ」ということわざがあります。子どもは親が周りの人とどのように接しているか、どのような言葉を発してどのような行動をしているか、そしてどのように生きているか、しっかり見ています。

ただ、そう言われてしまうと、「親の生き方や育て方が子どもの性格や人生に大きな影響を与えてしまうのではないか」「自分の子育ては大丈夫だろうか」と心配される方もいらっしゃるかもしれません。

たしかに子どもの性格は親や周りの人から影響を受けますが、その影響をどのように自分自身に取り入れるか、どのような性格になるかは、子ども自身が決めているのです。これを「自己決定論」と呼んでいます。

犯罪者の親から育てられた子どもが全員、犯罪者になるでしょうか。虐待を受けて育った人が全員、自分の子どもに虐待をするでしょうか。親と同じように育つ場合もありますが、そうではないこともかなりの数あります。

〝反面教師〟という言葉があるように「親の育て方がすべて」ではありません。人は環境や過去の出来事の犠牲者ではなく、みずからの人生を創造する力があるのです。

とはいえ、それでもやはり親が〝どのように生きているか〟というのは、子どもの成長にとって大きな影響因子の一つであることは事実でしょう。

あなたの人生、主人公は誰？

人はみずからの人生を創造する力があります。では、あなたは〝あなたの人生〟という脚本の中で、主人公として生きているでしょうか。子育てをしていると、○○ちゃんのお母さん、お父さんだったり、○○さんの奥さん、だんなさんだったり、○○家のお嫁さんだったり。主人公ではない脇役での生き方になりがちです。

しかし、あなたが自分を偽《いつわ》らずに本音で生き、自分を大切にし、あなた色で生き生きと楽しく生きていれば、子どもは「お母さん（お父さん、おじいちゃん、おばあちゃん）は生き生きとしていて、かっこいいな。大人になるっていいな。大人になるってすてきだな。自分もあんなふうになりたいな」と、思うようになるでしょう。

そして、周りの大人がどのように生きているかを参考にしながら、自分の生き方について考え、生き方を選び、決め、大人になっていきます。まさに「親の背を見て子は育つ」ですね。

子育ての方法も、仕事も、どう生きるかも、自分で決めることができます。さまざまな選択肢から自由自在に選ぶことができるのです。

人生の主人公はあなたです。あなた色に輝く人生を送る決意をする。そして、具体的にどう子どもたちにかかわっていくかは、次章以降にお届けします。

将来どんな自分になっていたいですか

なりたい自分をイメージしよう

あなたはこれから先、どのように生きていきたいですか？　どんな自分になっていたいですか？　どんな未来になったらいいなと思っていますか？

医療の世界では、人の体のすべての器官はある特定の目標に向かって発達すると考えられています。

例えば、視覚に障がいのある方は聴覚《ちょうかく》と嗅覚《きゅうかく》などが優《すぐ》れ、片方の腎臓を摘出した方はもう一つの腎臓が一・五倍の働きをするともいわれます。生きるという目標、命の継続をめざして、各器官がそれぞれの役割を果たしているのです。

心・精神の働きも同様です。オーストリアの医師で心理学者でもあるアルフレッド・アドラーは、著書『生きるために大切なこと』（方丈社）の中で、「どんな精神にも目標や理想とする状態があり、現状を超えてそこに到達しようとする。未来に明確な目標を持つことで、現状の欠陥や問題を乗り越えようとするのだ」と言っています。

人は「こうなりたい」という明確な目標を持つとそこに到達しようとし、イメージどおりの自分になっていきます。明確なゴールをイメージすることが大事なのですね。

車のナビを思い浮かべてみてください。行きたい場所を設定すると、目的地まで誘導してくれます。あなたの人生も行き先やゴールを決めることが大事なのです。そうすると、自然とその方向に向かっていきます。

しかし、どんな自分になりたいか想像できないという方もいらっしゃるでしょう。そのようなときは、あなたが憧《あこが》れている人、尊敬している人を思い浮かべるところから始めてみるのもいいですね。

その人の口癖はなんですか？　どのような振る舞いをしていますか？　あなたとの共通点はどのようなところですか？

「学びは真似《まね》び」というように、まずは憧れの人のように振る舞ってみるというのも一つです。

まるで〇〇かのように

アドラー心理学には「まるで〇〇かのように振る舞う（as ifの）テクニック」があるので、具体的なやり方をご紹介しましょう。

例えば、会社でテキパキと仕事をこなし、優しい笑顔で人に接しているAさんに憧れているとしたら、その行動を観察し、あなたがなりたいと望む目標を設定してみましょう。

まずは〝なりたい目標〟と〝したい目標〟の二つを決めます。〝なりたい目標〟

は一年後という長期目標でもいいですね。いつかAさんのようにテキパキと仕事をこなし、誰にでも優しい笑顔でいられる人になるなど。

次に〝したい目標〞は、明日からできる小さな目標を設定する。自分のデスクの半径三メートル以内にいる同僚に一日一回は微笑《ほほえ》むなど。そのとき「Aさんだったらどのような声かけをしているだろう」「どんなふうに微笑んでいるだろう」「どのような言葉を使っているだろう」とイメージします。そして、まるでAさんかのように振る舞ってみましょう。

小さな行動から変えていき、一日できたら自分に「よくやったね、できたね」と声をかけてあげる。小さな成功体験を積み重ねていくことで自信もつきますし、なりたい自分に近づいていきます。

一年後、三年後、五年後――。きっとあなたは今の自分よりも成長していることでしょう。常に自分自身に寄り添いながら、自分の一番の応援団としてご自愛しながら毎日を大切に過ごしていけるといいですね。

第２章

勇気のしずくと心の器

心の器の形と必要性

あなたの心の器はどんな形？

冒頭の「はじめに」でも申し上げましたが、勇気づけを届けていく中で、こんな思いが湧いてきました。

自分の心を満たすことが大事だけれど、そもそも自分の心の器《うつわ》が欠けていたり、ひびが入っていたり、弱かったりしたらどうなるだろうと。

そのような中、学びを重ねていく中で、心理学的にも「心的容器」という考え方があることを知りました。

あなたは〝心の器〟と聞いて、どのような形を想像されるでしょうか。コップのような形、お皿のような形、ハートの形、キラキラしているグラスなどいろいろありますが、できれば心の器は大きく蓋《ふた》つきで頑丈《がんじょう》であることが重要になります。

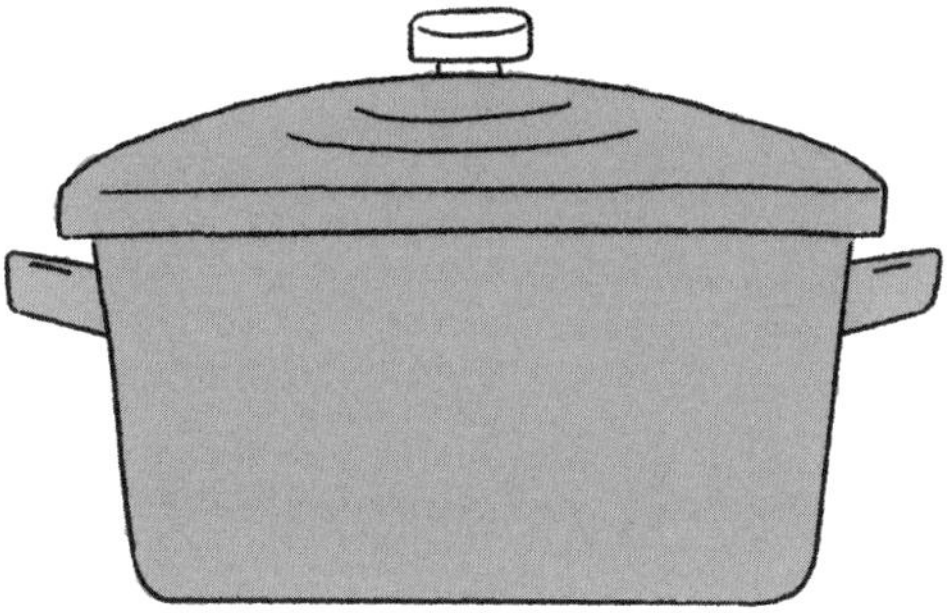

私がおすすめするのは、頑丈でしっかり蓋が閉められる圧力鍋のような形。この「しっかり蓋が閉められる」というのがポイントです。

そもそも、なぜ心の器づくりが大切なのでしょうか？　心の器にはいろいろなものが入ります。勇気のしずくや優しさ、感情。今までの経験や体験、出来事。他者の言葉や教えられたこと、学びなど。これらは頑丈な器がなければ、しっかりためてじっくり抱《かか》えておくことができません。

心のドロドロ、もやもやは大切なもの

対人関係などの悩みがあると、本を読んだり、インターネットで検索したりして対処法を探し、学ぶ方もいらっしゃるでしょう。でもなかなか対処法や学びが身につかず、勇気づけを

知っても怒ったり、ドロドロした気持ちになったり、もやもやしたり、ダメな自分がいて悩んでばかり……。私が開いている講座の受講生さんの中にも、同じように悩まれている方がいらっしゃいます。

心の器（心的容器）にひびが入っていたり、欠けていたり、穴が開《あ》いていたら、勇気のしずくをためることはできませんが、実は心の器というのは勇気のしずくをためるだけではなく、学びやドロドロした思いや気持ち、葛藤をためていく役割もあります。

でも、心の器が弱いと、学びによる心のプロセス（過程）も「ざるに水」のように流れてしまいます。そこで学びを自分のものにするためには、学びが漏れないような頑丈な心の器をつくっておくことが何よりも大切なのです。

私は「心の器」の概念を知ることで、学んだことがうまくできない理由は、心の器に原因があることに気づきました。ドロドロ、もやもやした思いは、一見よくないもののように思えますが、これは、心のプロセスの一つで、とても大切なものです。心のプロセスとは〝心の成長・成熟・変化〟のことで、カギになるのが「心の器」なのです。

心の錬金術

スイスの心理学者ユングは、心の傷や悩みが癒《いや》されて人生の宝に変容していく過程を、錬金術《れんきんじゅつ》の変容過程にたとえています。

錬金術とは、化学的な手段を使って卑金属《ひきんぞく》から金を創る試みのことです。錬金術の研究者は、大きな鍋のようなものの中に卑金属を入れ、それを煮たり焼いたり冷やしたりしていくと、ドロドロとした黒色のものが変化し、最終的に黄金という宝になると考えていました。

心も同じです。悩んでいる最中は、心が真っ黒でドロドロしているように感じるでしょう。しかし、そのドロドロしたものにしっかりと蓋をして器の中に封じ込め、時間をかけて熟成させていくと、その悩みが黄金に変わっていくのです。

つまり、悩みが黄金になるためにドロドロした悩みは、今の自分に必要なことなのです。このドロドロした黒い時期があることで心は熟成し、成長していくのです。『広辞苑《こうじえん》』によると、「熟成」には物質を適当な温度に長時間放置して化学変化を行わせること、という意味があります。しっかり蓋のある器の中で時間をかけて置いておくことで心は成長するのですね。このように、悩みがじっくり熟成されて変容し、成長していくために重要になるのが頑丈な心の器づくりです。

急がず焦らず心の器を育てよう

心の器の条件

心の器の条件としては、頑丈な枠組みでできていること、蓋があること、内面と外面からなる二重構造であることというのがあります。

容器とは収容する器のことで、内側と外側を明確に隔《へだ》てる枠《わく》があります。例えば外側の枠にあたるものというのは、あなたの日々の生活のリズムや決まり事、よく行く場所や一人だけの空間です。心の器を強くする一つの方法として、この「外側の枠にあたるもの」が大事になります。

私がカウンセリングをするときであれば、カウンセリングの部屋自体が、相談者をお守りする外側の枠になります。相談者が遠方の場合はオンラインで行いますが、その場合、いつも決まった場所（部屋や車の中など）から接続される方がいらっしゃいます。「いつもの場所」というのが、安心感を生み出すのです。起きる時間、寝る時間が決まっている。通勤電車では決まった車両と席があるという方もいらっしゃるでしょう。

私の外側の枠にあたるものは、毎朝、子どもたちを学校に見送るとき、必ず空を見上げて「太陽さん、ありがとう」とつぶやくことです。これは私の決まり事になっています。

さまざまな感情も心の器にたまっていく

心に湧いてきた感情は、心の器に入ります。後で詳しくお伝えしますが、感情には一次感情、二次感情というものがあり、怒りは二次感情と呼ばれるいわば氷山の一角。表《おもて》には現れていない不安・焦《あせ》り・悲しみ・寂しさなどは一次感情と呼

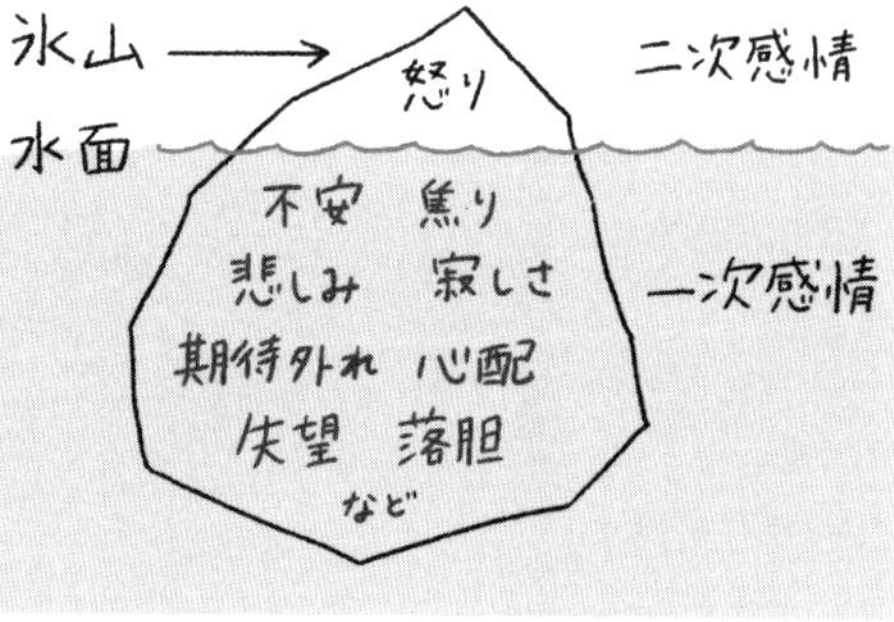

ばれています。心の器が大きく頑丈ならば、一次感情を器の中に入れ、蓋をしっかり閉めて「不安だったよね」「焦っていたよね」「悲しかったね」「寂しかったね」と感情を感じて味わうことができます。

しかし、器が小さかったり、弱かったり、欠けていたり、蓋がなかったらどうでしょう。その感情は自分の心の中で抱えきれず、外にあふれ出てしまいます。あふれ出てしまった一次感情は、「怒り」という二次感情となって相手にぶつけてしまうこともあるのです。大切なのは、最初に湧いてきた一次感情をちゃんと抱え、感じ、味わえるように心の器を大きくしっかりしたものに育てていくことです。

つい相手に対して怒ってしまう方は、まだ心の器が小さかったり、少し弱かったりしているということ。逆にいうと、これは心の器が育っている途中なのです。

怒りは守り

つい怒ってしまうのは、一次感情を伝えることが難しいため、怒りで自分を守っているともいえるでしょう。だとしたら、「怒り」は「守り」です。無意識のうちに、自分で自分を守ろうとしているのです。

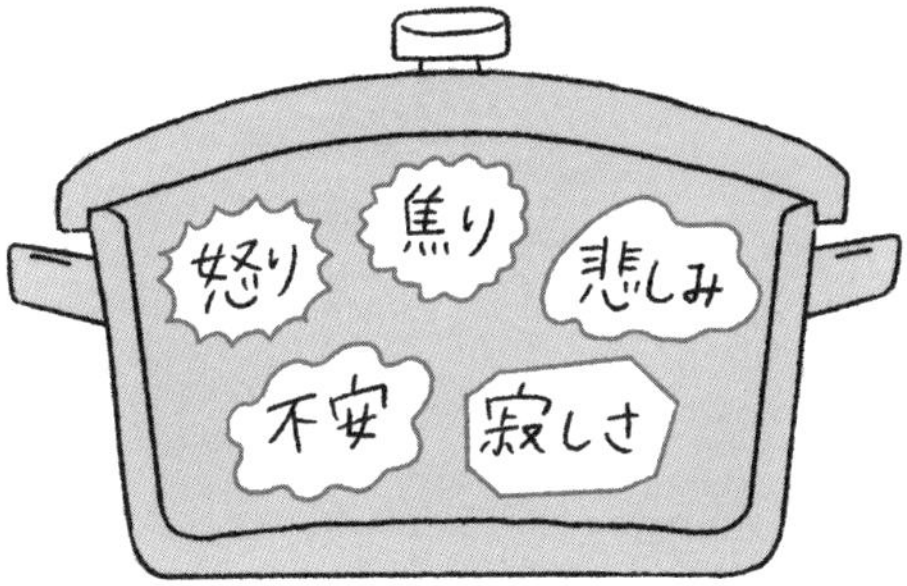

守ることは大切なので、怒っても大丈夫！　怒りたいときは「今、自分は怒りで自分自身を守っているのだな」と意識して怒る。「怒りで守っているんだね」「怒りたい何か、守りたい何かがあるんだね」と自分に優しく言葉をかけてあげましょう。〝何か〟をつけることで、自分と怒りが一緒ではなく、別物として捉《とら》えられます。つまり、より客観的に自分を見られるようになるのです。

そうして、自分の中の一次感情を感じ、ねぎらい、味わえるようになったら、心の器の蓋をそっと開けて相手に自分の思いや気持ちを伝えてみるといいですね。

この蓋の開け閉めを自在にできるようになると、感情のコントロールもできるようになります。ただ、これもお稽古事《けいこごと》と一緒です。ゆっくりゆっくり毎日毎日やっていくことで、できるようになっていきます。

急がず焦らず、自分の心の器を育てていきましょう。

さまざまな自分に気づき対話する

あなたの性格は？　どんな側面の自分がいる？

「私の性格は○○だ」という話をよくしませんか？　小さいころから、おとなしくて……とか、明るくて元気いっぱいで……とか、怒りっぽくて……とか。しかし、よく考えてみると、怒りっぽい部分もあれば、優しい自分もいる。即決めすることもあれば、あれこれ悩んでしまう自分もいる。あなたの中にはどんな自分がいるでしょうか。

明るいさん、怒りんぼさん、優柔不断《ゆうじゅうふだん》さん、イライラさん、頑張り屋さんなど、さまざまな自分がいることでしょう。大切なのは、それに〝気づく〟ことです。

もしかしたら優柔不断さんと即決さんという、相反する側面の自分がいるかもしれません。一見、ネガティブな側面があったとしても、どちらもあなたの一部。良いも悪いもありません。まずは〝気づく〟ことが大事なのです。

自分の中に自分の心の居場所をつくろう

私は、気づく自分＝気づきちゃんと名づけました。気づきちゃんは、あらゆることに良い悪いの価値判断をしません。そして、他の側面と少し位置づけが違います。指揮者のような感じで、他のさまざまな側面に対して、それぞれの言い分を聴いてあげるのです。

例えば、一見、ネガティブな側面と考えられがちな優柔不断ちゃんに対してNGを出して排除するのではなく、「そっか、優柔不断な自分、いるねー。いていいんだよ」と言ってあげる。これこそが自分との対話です。これを心の器の中で、気づきちゃんと優柔不断ちゃんが対話しているようなイメージを持ちながらできるといいですね。

すべての性格、側面に意味があります。さまざまな自分に居場所をつくってあげましょう。心の中のさまざまな自分（多様性）を理解し、受け容《い》れていく。それができるようになると心の器が大きく育ち、外側の現実世界の多様性、他者の多様性を理解し、受け容れられるようになります。

心の器の育て方

あなたには習慣にしていることはありますか？　朝起きたら家族に「おはよ

う」とあいさつをするとか、深呼吸をして伸びをするとか、ほんの些細《ささい》なことでもいいのです。

私の幼いころからの習慣で、人と会って別れる際、相手の後ろ姿が見えなくなるまで手を振って見送るようにしています。これは私の両親がやっていたことで、やりなさいとは言われていないし、ルールとして決められていたわけでもありません。別れてそのままお帰りになられる方、最後に振り返ってくださる方、さまざまです。

お帰りになる方の後ろ姿にずっと手を振っていて、最後に気づいてくれるととてもうれしかったことを覚えています。もちろん、気づいてくれなくてもそれはそれでよし。これがわが家の習慣でした。

これは今でも続けており、子どもたちも私の態度や習慣を見て、一緒にやっています。この一つの習慣が外側の器となり、相手を大切にするという内側の部分、心づかい、気づかいにつながっていくと思っています。

また、母は姿勢やお茶碗の持ち方、箸《はし》の使い方、言葉づかいなど、事細《こま》かに教えてくれました。「家だからいい加減でいいということではないの。家での生活が外に出るのよ」と家の中であっても、食事のマナーや言葉づかいを何度も教えてくれました。

きっと〝日常の振る舞いがその人の人格をつくる〟ということを私に伝えたかったのではないかと想像します。後に母と話して分かったことですが、これは母が祖母から引き継いだことだったそうです。

相手と話すときは必ず相手の名前を呼んでから話し始める。物を持つときは両手で持つ。このように、人や物を丁寧《ていねい》に扱う行動を積み重ねていくと習慣になります。

小さな習慣を重ねていくことが心の器の外側の枠（外側）となり、人間力（内側）を育て、磨《みが》くことにもつながるのではないでしょうか。

あなたも何か一つでもいいので、日々の生活の中に毎日続けられる決まり事を決めて習慣化しませんか。そして、心の器づくりを重ねながら、器の中に勇気のしずくをためていきましょう。

「ヨイ出し」で勇気づける

目立たない日常こそ声かけを

感情とのつき合い方、思いの伝え方については具体的な方法があります。勇気とは困難を乗り越える活力、勇気づけとは困難を乗り越える活力を与えることでしたね。普段、あなたがイメージしている「勇気」とは少し違うかもしれません。

勇気づけの中に「ヨイ出し」と呼ばれるかかわりがありますが、これは「ダメ出し」の反対です。

「ダメ出し」は行動に対する注目方法の一つで、ダメなところに注目して声をかけていきますが、「ヨイ出し」は当たり前のように目立たないことに注目をして声をかけていきます。

例えば、お子さんが漢字のドリルの宿題を持って帰ってきたとします。帰ってきてすぐ机に向かい、ノートを開いて一行だけ書いていました。これに対して、

ダメ出しのかかわりは「何やっているの！　まだ一行しか書いていないじゃない！」となりますが、ヨイ出しのかかわりは「一行書いているね、頑張っているね」というものです。

一行書くなんて当たり前のことかもしれませんが、学校から帰ってきて疲れているのにすぐに机に向かって宿題に取り組んでいる。何も書いていないのではなく、まずは一行書いている。

できているところに注目して声をかけるのがヨイ出しであり、勇気づけなのです。

朝起きる。あいさつをする。ごはんを食べる。歯を磨く。学校や幼稚園、保育園に行く。手を洗う。勉強をする。夜は寝る。これらは当たり前のように思えるかもしれませんが、子どもが病気になってしまったら、朝起きることも、ごはんを食べることもできません。「ごはん、食べたね」「学校、行けたね」「宿題、頑張っているね」、このような言葉も勇気づけになります。どのようなことにも、ミクロ単位の勇気づけができるといいですね。

自分の思いをじょうずに伝えよう

言い方次第で伝わり方も変わる

人に何かを伝えたり物事をお願いしたりするとき、あなたはどのような言い方をしていますか？

	自分	相手	別名
主張的	OK	OK	さわやか
非主張的	Not OK	OK	気詰まり
攻撃的	OK	Not OK	プレッシャー
復讐的	Not OK	Not OK	自滅的

出典：『ELM 勇気づけ講座テキスト』ヒューマン・ギルド刊より引用・改変

相手に口調が強いと捉えられたり、逆に伝えたいことがはっきりと伝えられず、理解してもらえなかったり……。

物事の言い方には、四つのパターンがあります(図参照)。

「主張的」な言い方は自分もOK・相手もOKな言い方ですが、相手を大切に思うあまり自分を抑え過ぎると「非主張的」になってしまい、自分自身が息苦しくなってしまいます。

逆に、自分の要求や思いを相手の立場を考慮せずに貫《つらぬ》くと「攻撃的」となり、相手にプレッシャーを与えてしまいます。

また、相手がなかなか自分を受け容れてくれず、自分に対しても相手に対しても攻撃的で破壊的な言い方をするのが「復讐的」な言い方です。

相手の考えを否定せずに受け止める

以前、私の講座を受けてくれたBさんは、同居しているお姑《しゅうとめ》さんとうまくいかず、「会話もしたくない」「何かをお願いするなんてとんでもない」という状態でした。一時期は「攻撃的」「復讐的」な言い方もあったそうですが、勇気づけを学んで実践していくと、家族関係がとてもよくなったそうです。

Bさんからのうれしいメッセージをご紹介します。

先日、義母から「Tくん（小学五年生の長男）の外靴が破れていてかわいそうだから、買ってあげるべき」と言われました。

義母と夫と私で対話を重ねると、義母は「Tくんは両親に遠慮して買ってと言えないのが分からないの？」と言うのです。

すると、それを聞いていた息子が「おばあちゃんは僕が遠慮して言えないって、どうして思うの？」と義母に質問したのです。そして、義母の考えを聞いてから「それはおばあちゃんの考えでしょ。でも僕はこう思うんだ。僕とおばあちゃんの考えは違うけれど、違っていいと思うよ」と、義母を否定せずにしっかりと自分の考えを言葉にしたのです。

その後、義母から「Tくんから直接聞けてよかった。私は遠慮して親に言えないのだと決めつけていたよ。そうではなかったということが分かって、少し考えが広がったよ」という言葉が聞けたときは本当にうれしくて、今までの話し合いが無駄ではなかったと思いました。

私は勇気づけを学び、「子どもたちの意見や考えを否定しない」「一度〝ありがとう〟と受け止める」など、他人の考えを否定しない子育てをしてきました。義母の言葉や意見、考えに戸惑《とまど》うこともありますが、丁寧に向き合うことができました。


Tくんはおばあちゃんの言葉を受け止めた後、自分の思いをしっかりと伝えました。

「あなたはこう考えているんだね。でも、自分はこう思っている」と冷静に伝える――。これこそ、相手を傷つけずに自分の言いたいことを伝え、自分も相手も

ＯＫとなる「主張的」な言い方です。「主張的」とは、単に自分自身の考えを「主張するだけ」ではないのです。

Ｂさんの場合、ご自身が相手の考えを否定せずに受け止め続けてきたことがお子さんにも伝わり、勇気の波紋が広がっていったのです。

あなたの日々の伝え方はいかがでしょうか。少しずつ「主張的」な言い方になれるといいですね。

心地よいお願いの仕方とは

相手に〝NO〟という選択肢を与える

あるとき、「ママ友へお願いをするときの言い方に悩んでいます」というご相談を受けました。その方は強い言い方をしないように気づかうあまり、言いたいことを遠慮してしまい、我慢して苦しくなることがあるとのことでした。

相手に何かお願いするとき「〇〇して！」は強く感じるので、「〇〇してもらえる？」「〇〇してもらえたらうれしいな」というような、相手を尊重したお願い口調がおすすめです。

では、少し似ている「〇〇してください」はどうでしょう。あなたは、次の三つを比べてどのように感じられるでしょうか。

①「お茶碗、片づけてください」

②「お茶碗、片づけてもらえますか？」

③「お茶碗、片づけてもらえたらうれしいのだけれど」

三つとも丁寧な言い方のようですが、①は柔《やわ》らかい命令口調、②と③はお願い口調です。①は「ください」がついているのでお願いしているように感じますが、実は上下の関係で「柔らかく命令」をしているのです。

あなたが「お茶碗、片づけてください」と言われたら、どうでしょう。忙しくてできないと思っても「今はできません（NO）」と断りにくいかもしれません。でも、②と③は今の自分の状況を相手に伝える余地があります。

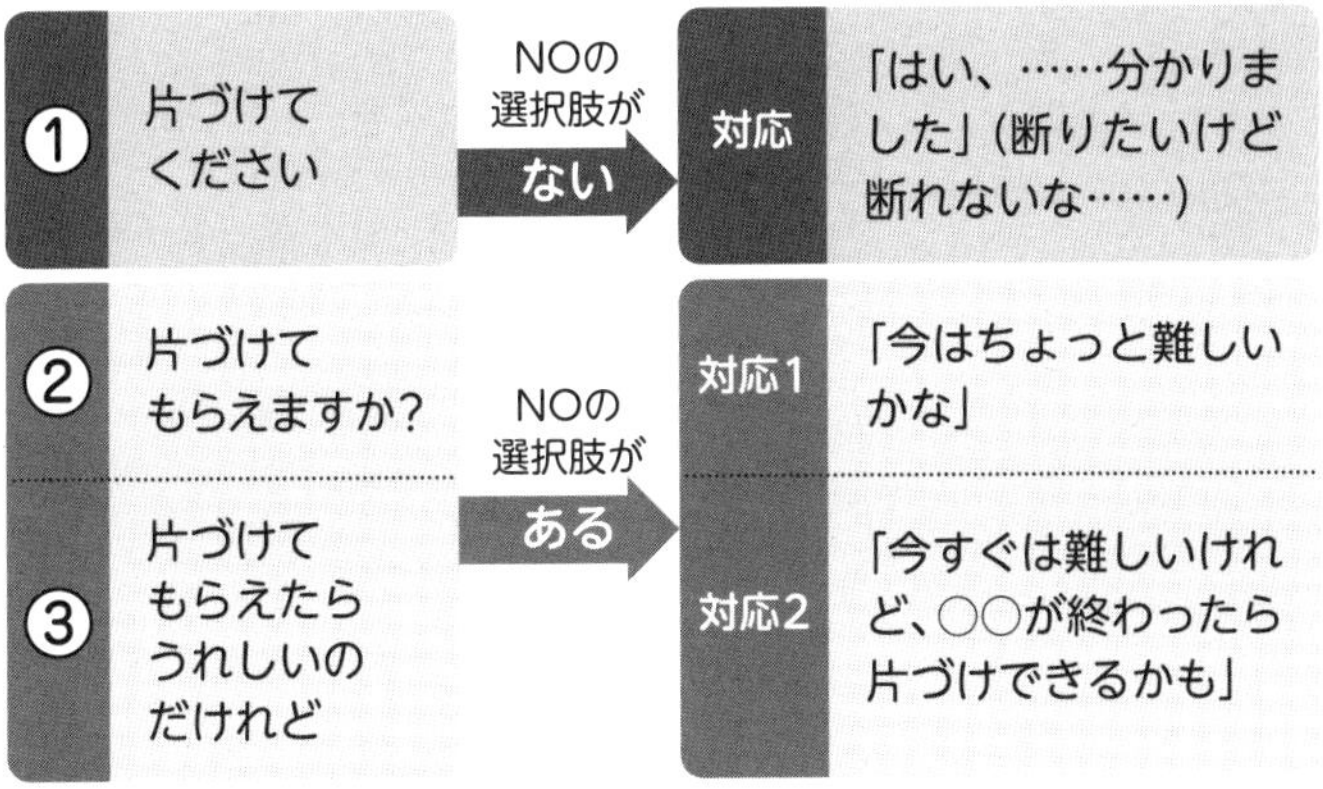
①
片づけてください
NOの選択肢が
ない
対応
「はい、……分かりました」（断りたいけど断れないな……）
②
片づけてもらえますか？
③
片づけてもらえたらうれしいのだけれど
NOの選択肢が
ある
対応1
「今はちょっと難しいかな」
対応2
「今すぐは難しいけれど、○○が終わったら片づけできるかも」

例えば、「今はちょっと難しいかな」と断ることもできますし、「今すぐは難しいけれど、○○が終わったら片づけができるかも」と、自分の事情を相手に話したうえで、妥協案を探るコミュニケーションもとれるでしょう。

①と②③の大きな違いは、相手に〝NO〟という選択肢を与えているか、与えていないか、ということなのです。

お願い口調でコミュニケーションをとる

わが家の子どもたちは、子ども同士の貸し借りでも、このお願い口調をじょうずに使っています。三女は、生まれたときから家族のみんながお願い口調で話すのを聞いてきたので、姉たちにお人形などを貸してもらいたいときは「ねえね、お人形、貸してもらえたらうれしいな」と言っていました。「今は遊んでいるから貸せないよ」と断られることもありますが、「お願い口調」というコミュニケーション手段をきょうだい間で使っているのを見ると、微笑《ほほえ》ましく思います。

ずっと「○○してください」という言い方をしてきたから今さら変えるなんて難しいと思われる方も、ご安心ください。子育ては修正主義。今までのやり方ではうまくいかないと思ったら、その瞬間から変えていけばいいのです。

例えば、今まで「○○してください」と言っていたけれど、朝起きたら「○○してもらえたらうれしいな」に替えようと、一日に一回思うだけでもじゅうぶんです。

もし「○○してください」と言いそうになっても、「○○してもらえたらうれしいな」と言うことができたら、自分に「言えたね！」と勇気づけをしてあげてくださいね。

湧き上がる力を育てよう

わが家に引き継がれる言葉の力

あなたは「座右《ざゆう》の銘《めい》」をお持ちですか？　私の「座右の銘」は「天知る、地知る、己知る」です。これは母から教えられた大切な言葉ですが、もとは中国の『後漢書《ごかんじょ》』の「四知《しち》」からきていることを大人になってから知りました。正しくは「天知る、地知る、我知る、人知る」で、「他人は知るまいと思っても、天地の神々も、私も、それをするあなたも知っている。悪事は必ずいつかは露見するものだ」という意味です。

母は母なりの解釈で、「誰も見ていないから大丈夫と思って悪いことやよくないことをしても、天や地の神様はちゃんと見ているし、知っているよ。何よりも自分の心が一番知っているからね。自分の心にうそをつかない。正直に生きるのよ」と常に言い聞かせてくれました。

わが家は特に何かを信仰していたわけではありませんが、子どもも心に〝そうだ、どこにでも神様はいるのだ。いつも見守られているのだ〟と感じていました。そしてこの言葉も、母が祖母から言われていた言葉だったと後から知りました。私も祖母と母の思いを引き継ぎ、娘たちにも伝えています。

昔から言い伝えられている言葉や、親や祖父母、先人からの学びは、大人にも子どもたちにも人生の指針となります。困難なことにぶつかったとき、人生に行き詰まったとき、その言葉のおかげで勇気づけられることも多いでしょう。

あなたが大切にしている言葉があれば、ぜひ子どもたちにあなたの思いを経験とともに伝えてみるのはいかがでしょうか。

内側から湧き上がる気持ちを育もう

道ばたにゴミが落ちていたとします。周りに誰かがいれば拾うけれど、誰もいなければほったらかしという人もいるでしょう。しかし、大人が率先してそのゴミを拾い、「道からゴミがなくなると気持ちがいいね」とポツリとつぶやく。そして、それを繰り返していく。そうすることで、子どもはゴミを拾うことは道の美化につながるし、何より自分の心がスッキリして穏やかで気持ちがよくなるということに気づくでしょう。「道のゴミを拾う＝住む世界を美しくする行い」と受け止める子どもがいるかもしれません。

大谷翔平《おおたにしょうへい》選手がアメリカのメジャーリーグの大舞台でゴミを拾った記事が大きく取り上げられました。彼はゴミを拾うという行動を「人が捨てた〝幸運〟を拾っている」と表現しています。実は、このゴミを拾う行動は、プロ野球選手になってすぐから始めていた行動だそうです。誰も見ていなくても、誰かに認められなくても、自分の心に内側から湧き上がってくる気持ちや思いに軸を置き、自分から始めることが大切なのです。

湧き上がる気持ちには「成長したい」「達成したい」「周囲の人と温かい人間関係を持っていたい」「時間を忘れるほどおもしろくて集中している」などがあります。これを「内発的動機づけ」と言います。内側から湧き上がってくるパワーの源のような感じですね。

それと比べて、外からの刺激を「外発的動機づけ」と言います。これは賞罰《しょうばつ》や

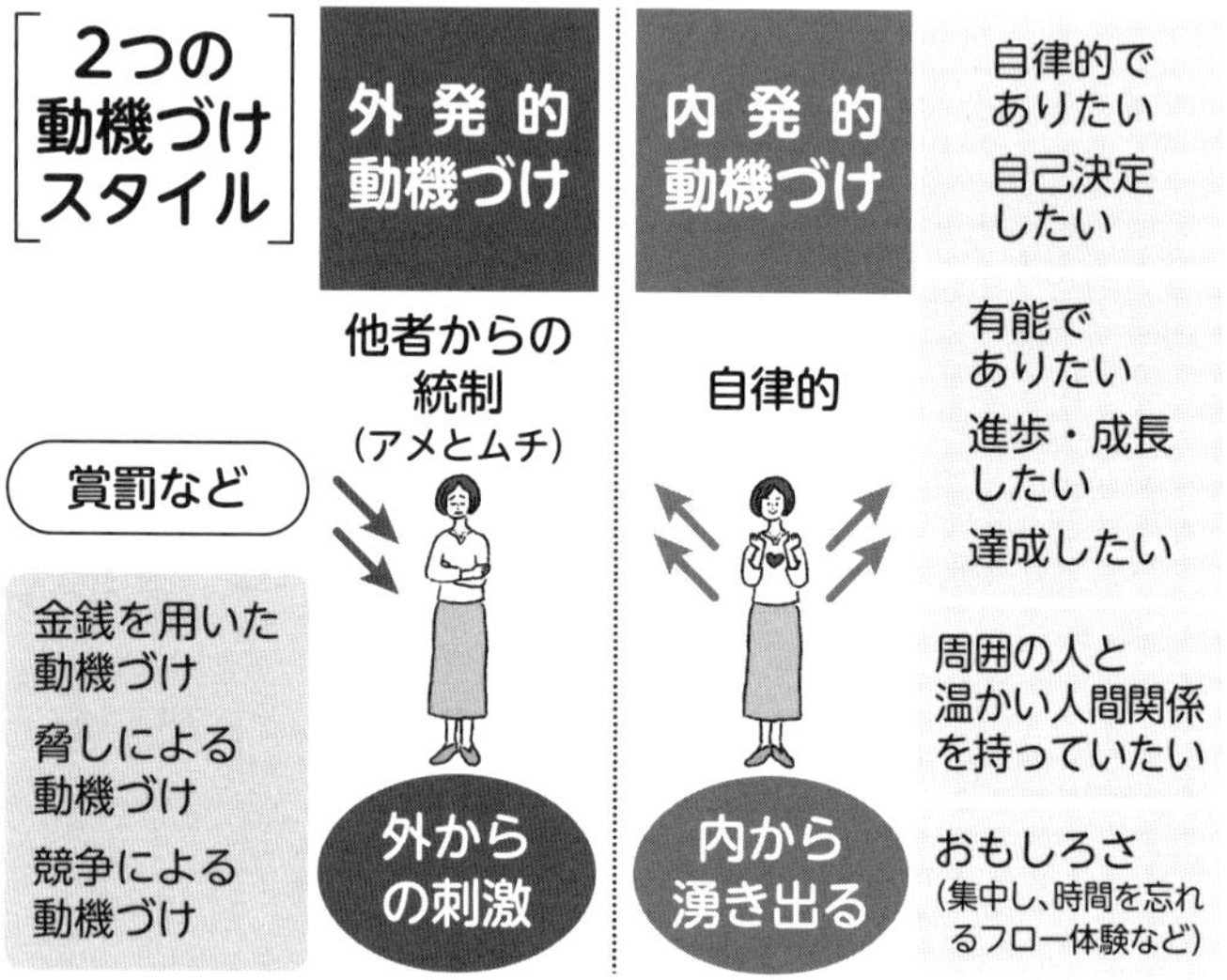

出典：『アドラー心理学ベーシックコーステキスト』ヒューマン・ギルド刊より引用・改変

アメとムチのように、他者からの統制や外側から刺激を与えられるものです。

親がほめてくれるから片づけをする、お手伝いをするという子どももいると思いますが、そういうお子さんはほめる人がいないと片づけやお手伝いをしなくなるでしょう。

外からの刺激ではなく、内側から湧き上がってくるものを育てるのが勇気づけのかかわりです。

怒りの感情の取り扱い方

どんな感情もあなたの大切な一部

　ときどき怒りが爆発して相手を傷つけてしまう。そんな自分が嫌《いや》になり、怒ってはいけないと感情を抑え込んでしまう。そういうことはありませんか？

　どんなに心のことを学んでも、怒ってしまうことは誰にでもあります。ネガティブな感情もあなたの大切な一部なので、抑え込んだり無視したりするのではなく、感情の意味を知り、大切に取り扱うことが大事です。感情というのは、ある状況下で特定の人にある目的（意図《いと》）を持って起こるものですが、コントロールはできます。

　例えば、おもちゃを出しっぱなしで部屋中散らかしている小学生の子どもを「どうして片づけないの！　早く片づけなさい！」と大声で怒っているCさんがいるとします。そこに子どもの担任から電話がかかってきたら、何事もなかったかのように冷静に会話をして電話を切ります。そして、片づけをしていない子どもを見て「まだ片づけていないの！　何やっているの！」とまたもや大声で怒鳴ってしまう――。このような日常は誰にでもあるのではないでしょうか。

もし相手が誰であったとしても、感情がコントロールできなかったら電話をかけてきた先生にも怒鳴り声で対応することでしょう。しかし、不思議と相手が子どもから先生に変わると怒りは引っ込んでいますね。このように、実は自分で感情をコントロールして、出したり引っ込めたりすることができるのです。

怒りの目的には、大きく分けて「支配」「主導権争いで優位に立つこと」「権利擁護《ようご》」「正義感の発揮《はっき》」の四つがあります。Cさんの例では、特定の人が小学生の子ども、目的は「支配」や「正義感の発揮」になるでしょう。子どもに片づけをさせたい、子どもを自分の思いどおりにさせたい、自分で出したものは自分で片づけるべきというような思いです。

先に少し触れましたが、この怒りは二次感情と呼ばれ、大きな氷山の一角。水面下には心配や落胆など別の一次感情が潜《ひそ》んでいます。一次感情が満たされないときに、怒りという二次感情を使って相手に対応してしまうことが多いのです。

感情とじょうずに付き合おう

では、怒りが湧いてきたときはどうすればいいのでしょうか。まずは深呼吸をしたり場所を変えたりして、一度立ち止まってみる。そして自分の心と対話してみましょう。怒りはいけないと排除するのではなく「そっか、怒りたい気持ちがあるのね、あってもいいいんだよ」と自分に寄り添う。その後、「片づけてほしい気持ちが伝わらなくて悲しかった」「自分のことは自分でできる自立した子に育ってほしいのに、それができないから不安だった」「言っても伝わらなくて落胆したんだな」と、一次感情を探ってみる。

一次感情が分かったら、「私」を主語にして〝私メッセージ〟で伝えてみましょう。「お母さんね、あなたがなかなか片づけてくれなくて、がっかりしているの。自分のことは自分でできる子になってほしいと思っている。少しずつでもいいから、お片づけしてくれるとうれしいな」という感じです。

ここで重要なのは、声に感情を乗せずに淡々《たんたん》と伝えること。そして、「この子は何度言ってもダメだ」ではなく「この子はきっと分かってくれる」と信じて伝えることです。

怒りはあってもいいのです。感情とじょうずに付き合い、私メッセージやお願い口調を使って建設的に伝えられるようになるといいですね。

心の居場所と快適な空間

心も体も余裕がなく落ち込んだときは

具体的な勇気づけのかかわり方をご紹介しました。

でも、いざ新しく何かにチャレンジしようとしたとき、または、やっていたことを大きく広げようと動き出したときなど、思うようにうまくいかずに落ち込んだ経験はありませんか？

私も以前はよくこのような経験をしていました。特に落ち込んだのは、十数年ほど前のことです。

当時、三人の子育て真っただ中だった私は、ベビーサイン講師という仕事に加えて、新たにアドラー心理学の講座を開き、どんどん前に進んでいこうと頑張っていました。講座の資料を完璧にそろえ、受講生さんたちの質問やリクエストにはすべてお応《こた》えし、真夜中でもメールに返信するような忙しい日々を送っていました。すると、ある受講生さんから思いがけずダメ出しのメッセージをもらったり、別の方からは助けを求められたりして心も体も余裕がなくなり、途方に暮れてしまいました。

また、夫の海外出張も重なり、家事も子育ても仕事も手いっぱい。義両親のサポートを受けてはいましたが、心に余裕がないためにどんどん落ち込み、自分に嫌気《いやけ》がさしてどん底に落ち、そこから立ち上がれない日々が続きました。

ちょうどそのとき、アドラー心理学とは別に潜在意識についても学び、「恒常《こうじょう》性《せい》維持機能」と「コンフォートゾーン」という言葉と概念を知り、深く学び始めたことで少しずつ落ち込みから復活できたのです。「コンフォートゾーン」とは、快適な空間・居心地のいい場所のことです。

恒常性維持機能の一例として、体温が挙げられます。動物の哺乳類や鳥類にとって最適な体温は四〇度前後ですが、これより高い場合は汗をかき、低くなると震えによって体温を元に戻そうとします。これは心のバランスでも同じようなことが起きます。心も恒常性維持機能を使って、コンフォートゾーンに戻ろうとするのです。

私の場合、頑張り過ぎたことで一挙にコンフォートゾーンを飛び出してしまい、それが原因で頑張れない状況がつくり出され、強制的に思考がストップするような状態になっていたのだと考えられます。

急に変わらないほうがいいのにはワケがある

このままではいけないと思い学びを活かし、自分自身も完璧主義を緩《ゆる》めて不完全な自分にOKを出し、人を頼るようにしていきました。自分自身を変えて、心が上向きになるまで三か月ほどかかりましたが、意識しながら少しずつ行動や思考を変えていくことで、楽になっていきました。

人は急激にコンフォートゾーンから外《はず》れてしまうと自分の快適な位置に戻ろうとするので、少しずつ上がり下がりをしながら、コンフォートゾーンを広げていくことが大事なのです。

もし、あなたが今、「頑張っているのになんでこんなことが?」と思うようなことが起こっているとしたら、それはあなたにとって何かのメッセージかもしれません。

頑張っている自分を緩め、少しずつ自分自身の心の快適な空間を広げていく。そして心の居場所を自分で整えていくと、より生きやすい人生になるのではないかと思います。

今の状況にどのように意味づけをするのかは、あなた次第です。ここでお伝えしたことをあなたの心の引き出しに入れて、必要なときに使っていただけたら幸いです。

親にも答えられないことがあってもいい

現実との葛藤

以前、講話の最後に「共同体感覚が大切ということは、よく分かりました。世界は優しく、人々は仲間だということをわが子にも伝えていきたい。しかし、不審者情報が学校からたびたび周知されている現実がある中で、子どもたちの自衛について考えると『あなたが出会う人はみんな優しい人だよ』とは伝えづらいのが現状です。そのあたりのバランスについて、どのように考えればいいのでしょうか」との質問がありました。

そのとき私は「すべての人を仲間だと、優しい人だと思えなくてもいい。家族、職場の人など、身近な人からこの人は仲間だと思い、それを伝えていったらいいのではないでしょうか。どのような人も、根っからの悪人はいないと思うので、私はその思いも一緒に伝えていきたいと思っています」とお答えしました。

しかしその後、世界情勢が劇的に変化し、私自身さまざまな思いが湧き上がり、葛藤しました。世界は優しいと捉えたいけれど、そう思えない現実もある。その葛藤を解決できないと分かりつつも抱え続けること、問い続けていくこと、そしてその中で自分はどう生きていくかを自分で選んでいくこと、これが大事なのではないかと思います。この未解決な状態をそのまま受け容れる力のことを「ネガティブ・ケイパビリティ」といいます。

正解のない問いは一緒に問い続けよう

その後、アドラー心理学の師匠である岩井《いわい》俊憲《としのり》先生とお話しする機会があり、私が抱える葛藤についてお尋ねしてみました。

先生は「答えられないことを答えられないまま抱《いだ》き続けることは大事。答えたことで成長は止まり、確信を持ってしまう。でも、答えられないことは結構ある。それを抱くことがアドラーのいう〝進化〟であり〝成長〟だと思う。疑問の中には解《と》けないものもある。この問いに無理やり答えないで、疑問を持ち続けることが大事。世の中は解決できずに子どもたちに説明できないことだらけだから、『答えられません』ということがあってもいいのではないでしょうか」とおっしゃいました。

私自身、いただいた質問にはしっかり答えなければならないという強い思い込みがあったことに気づきました。親も大人も講師も迷っていい、分からなくてもいい、答えられなくてもいい、子どもたちと共に考えて歩んでいけばいいのです。

わが家では子どもたちに「世界は基本的には優しい。でも、事件を起こしたり、人を傷つけたりする人も確かにいる。だから自分を守ることはとても大切。相手を見極めることは難しいよね。でも、根っからの悪い人はいないって思いたい。難しいことだけれど……、あなたはどう思う？」と伝えています。

このように大人の葛藤を見せつつ、子どもたちの思いも聞き、対話していけたらいいのではないでしょうか。ご質問の中の「バランス」についても、「こうかな？　ああかな？」とゆらゆらとバランスをとりながらいろいろな対話を子どもたちと重ね、正解のない問いを一緒に問い続けていく。葛藤を心の器の中でしっかり抱え、生きていくことが大切なのではないかと思っています。

第3章

子育ての種まき

子育ての種まきをしてみませんか

ガーデニングマインドで植物を育てるように

子どもを大切にしたい――。でも、優先し過ぎて自分がヘトヘトに疲れてしんどいママのために、自分にもOK、子どもにもOKを出せる勇気づけのかかわりがあります。

子育ては〝自分育て〟とも言いますが、私自身も三人の子育てをしながら、日々、学ぶことばかり。私のほうが子どもたちから刺激を受け、成長させてもらっています。

私は、子育てで大事なものはガーデニングマインドだと思っています。花の種をまいたり、球根を植えたり。いつ芽が出るのかなあ、どんな花が咲くのかなあ、どんな実がつくのかなあと、楽しみになります。

子育ても同様です。子育てをしながらいろいろな種をまく。その種は日々の言

葉がけだったり、興味のありそうな絵本を読んであげることだったり、良質なおもちゃを与えたり、音楽を聴かせたり、スポーツを習わせたり……。

　何がその子に響くか分かりません。すぐには結果が出なくても、いつか何かにつながるかもしれないし、興味を持ってくれるかもしれません。

「どんなことがこの子に向いているのかな？」と、親子でワクワクしながら環境を整え、かかわりながら体験させてみると、いつか芽が出てくるものです。

私は長女が生後十一か月のころに「子どもには小さなころから英語を聞かせるといい」という情報を得て、ある英語の教材を使い始めました。一時期は親子で頑張って取り組んでいたのですが、次女と三女が生まれ、長女が小学生になって他のお稽古事《けいこごと》が始まると、英語を続けることが厳しくなり、途中で退会してしまいました。

しかし、娘は中学生になると「赤ちゃんのころから英語をやっていたでしょ。だから、英語が好きなの」と言ってくれたのです。先日、短期留学をしましたが、現地の人と英語でコミュニケーションをとることがとても楽しかったようです。「英語が好き」という思いにつながったと思うと、それだけで種まきをしておいてよかったなと思っています。

つい、私たちはすぐに目に見える結果を求めがちですが、勇気づけは経過重視でいきましょう。

視点を先に向けて、長い目で見ていけたらいいですね。

子どもは天からの預かりもの

ガーデニングには、環境を整えることも大事です。種をまき、日当たりを考え、水やりをする。しかし、よかれと思って水を与え過ぎると根腐れしてしまうので、適度なかかわりが重要です。

春に咲くチューリップを考えてみましょう。秋に球根を植え、寒い冬の間は土の中。その間、深く根を張り、初春になると芽を出し、さまざまな色や形の花を咲かせてくれます。ここで重要なことがあります。花を咲かせるには暖かな日差しや適度な水はもちろん必要ですが、過剰な水（愛）は好ましくないし、冬の厳しい寒さも必要ということ。これは子育ても同じです。

子育てには母性は大切ですが、良質な父性（厳しさ）も同じくらいに大切です。どちらかというと、日本は母性が強い社会だと臨床心理学者の故・河合《かわい》隼雄《はやお》氏もおっしゃっています。

母性とは「包み込むもの、融合するもの」、父性とは「切り分ける、境界線を引く、区別するもの」といってよいでしょう。両方をほどよいバランスで子育てができるとすてきですね。

私の祖母は、嫁である母に「子どもはね、自分の子どもじゃないのよ。預かっているの。天からの預かりものなのよ」と言っていたそうです。

自分の子どもだと思うとつい指示や命令をしてしまい、過剰に保護する縦の関係になりがちです。子どもは天から預かっている大切な存在と思い、将来の大親友を育てるようなつもりでかかわることができたらいいですね。

子どもの〝好き〟という種を育てよう

知るって楽しい！　分かるってうれしい！


「なんで勉強しなくちゃいけないの？」

「この科目って、大人になって役に立つのかなあ……」

このようなことを子どもから言われたことはありませんか？

私自身、子どもたちに幾度となく言われました。子どもの学びを語る前に、私が大事だと思っていることをお伝えします。

まずは、親が楽しく学んでいる姿を子どもに見せること。親が好きなことや知りたいことを調べ、遊ぶように学び、人生を楽しく生きている姿を見た子どもたちは、「学ぶって楽しいことなんだ」「大人になるって楽しそうだな」と思うことでしょう。例えば、本や新聞を読む姿、辞書を引く姿、興味のある出来事に対して調べる姿を見せる。

わが家の合言葉は、「辞書を引こう」「図鑑で調べよう」です。子どもたちから「○○ってどういう意味？」と聞かれたときは知っていてもすぐに教えずに「もし間違っていたらいけないから、調べようか」と言って、一緒に辞書を引くようにしています。子どもが幼《おさな》ければ、親が辞書を引いて読んであげてもいいですね。

こうして知らないことや分からないことを知り、分かる喜びを子どもと共有していく。「知るって楽しい！　分かるってうれしい！」という感覚が育ってくると、ますます学びたくなります。これは内発的動機づけにつながります。

好きこそもののじょうずなれ

辞書を引くことや、本を読むことが好きなお子さんもいれば、あまり興味を示さないお子さんもいるでしょう。テレビや遊びに集中していて、宿題などをやらないということがあるかもしれません。

親はそんな子どもの姿を見ると少し心配になるかもしれませんが、ここでは子どもが〝集中していること〟に注目してみましょう。

例えば、本も読まず、勉強もせず、おもちゃのブロックでばかり遊ぶ子がいたとします。しかし、ブロックはただ遊ぶだけではなく、さまざまな形や大きさのものを組み合わせて創造していくことができます。知らず知らずのうちに「数の概念」「平衡感覚」「空間認識能力」「対称」「角度」「イメージする力」など、たくさんの能力を育てています。しかしそこに気づかず、「ブロックばかりじゃなくて、外で遊んだり、本を読んだり、勉強したりしたら?」と言ってしまうのは、子どもの興味の芽を摘んでしまっているのと同じこと。

たった一つでも興味を持ったことを突きつめていくとその専門家になるかもし

れませんし、そこから別の世界が広がる可能性もあります。興味のあることはやらされている感覚はありませんし、自然と別の学びにつながることもあるでしょう。

どのような子どもにも、好きなことや得意なことがあるはず。親はそれを見つけて育てていくことが大事なのです。わが家の娘は小説を読むのが苦手《にがて》でしたが、大好きだった映画が小説になるとみずから手に取り、読み始めました。

「好きこそもののじょうずなれ」と言いますが、机で学ぶだけが勉強ではありません。映画を観ながら、遊びながら、外を散歩しながら、どこでもどのような況でも学ぶことはできます。

一を聞いて十を知るタイプの子がいれば、ゆっくりと知識を得ていく子もいます。どの子も、その子のベストのタイミングで花が開きます。種をまき、育てれば必ず花は咲く――。それが自然の摂理、大いなる力です。

私たちができることは、大いなる力に身を委《ゆだ》ね、いつか必ずその子なりの花が咲くことを信じ続けることではないでしょうか。

ほんの少し手を止めて子どもに向き合おう

聴きじょうずになる

あなたがパソコンで調べものをしているとします。

「ねえねえ、お母さん。今日ね、学校でね……」と小学生のお子さんが話しかけてきました。あなたはパソコン作業をしながら顔だけ子どもに向けて「うん、うん。そっか……。ちょっとごめん。今、お母さん、調べものをしているの。お話、後でもいい？」と言いました。

このような光景、あなたの家でもありませんか？　家事、育児、そして仕事。お父さんもお母さんも毎日頑張っています。でもこのようなとき、子どもはどう感じているのでしょうか。

今度は、あなたが小学生の子どもだとします。子どものあなたが一生懸命お母さんに話しかけています。でも、お母さんは忙しそうにパソコン作業をしていて

相手の関心に関心がある人	自分だけに関心がある人
相手の目で見、相手の耳で聴き、相手の心で感じる	自分の目で見、自分の耳で聞き、自分の心で感じる

出典：『ELM 勇気づけテキスト』ヒューマン・ギルド刊より引用・改変

あなたのほうをあまり見てくれません。返事はするけれど、生《なま》返事。最初は「お母さん！　今日ね、学校でね……」と話しますが、聞いてくれていないと感じて、ついにあなたは「お母さん！　ちゃんと聞いてよ！」と怒るかもしれません。

もし、このようなことが何度も続くと、「お母さんは私の話を聞いてくれない。もういいや」と投げやりな気持ちになって、話すのをやめてしまうのではないでしょうか。

人とコミュニケーションをとるときに大切なことは、聴きじょうずになること。聴きじょうずになるためには、「共感」がキーワードになってきます。聴きじょうずな人は自分のことだけではなく、相手が関心を持つことに関心を持っています。この「相手の関心に関心を持つ」ということが、実は「共感」なのです。

共感とは、相手の目で見て、相手の耳で聴いて、相手の心で感じること。

次に、小さな子どもに対応するときにおすすめのキーワードを二つご紹介しましょう。

おへそを相手に向ける

一つ目は、「〝見て見て光線〟にはおへそビーム」。

子どもは、いつも親や家庭に愛と所属を求めています。「お母さん、お母さん」と何度も繰り返すときは、「私（僕）のことを見て、愛して」というメッセージをいっぱい発信しているのです。そのようなとき片手間で返事をしたら、どうでしょう。〝私（僕）は大切にされていない……、愛されていないのかな……〟と思う子どもがいるかもしれません。

では、どうすればいいのでしょう。そのようなときは「おへそビーム」がおすすめです。子どもに呼ばれて、顔と首だけ向けて返事をするのではなく、一度手を止めて、おへそが子どもに向くように体全体を子どもに向けて返事をする。そうすると、わずかな時間であっても、子どもの心には〝聴いてもらっている〟という気持ちが湧いてくるのです。

そして、二つ目のキーワードは、「お耳はぞうさん、おめめはキラキラ、お口はチャック」。耳をぞうさんのように大きくして、目はキラキラさせてアイコンタクト。子どもの目をしっかり見つめます。そして、口はチャック。

人は誰かと話しているとき、「次に何を話そうか」と考えながら聞いているものです。そして、相手が話しているのについ口を挟んでしまう。また、自分のことを話したり、別の話題に変えたり……。これでは、「相手の関心に関心を持つ」ということはできていませんね。

大切なことは、自分の話したいという欲求をコントロールすること。「聴く」に徹するということ。

ぜひ、あなたも二つのキーワードを意識して「今日は子どもの話を聴くに徹する！」と意識してやってみてはいかがでしょうか。

困った行動には注目しない

子育ての前に何より大切なことは、親が自分の心を整え、どんな自分にもＯＫを出すこと。親も人間ですから、完璧な存在ではありません。怒ったり、泣いたり、子どもを無視してしまう……、そういうときもあるでしょう。そういう不完全な自分にもＯＫを出していく。

自分の不完全さにＯＫが出せたら、子どもの不完全さにもＯＫを出せるようになります。不完全な自分を受け容《い》れられるようになると、不適切と思われる行動、困った行動をする子どものことも受け容れられるようになるのです。

とはいっても、困った行動をする子どものことは気になりますよね。しかし、実は困った行動をしている子どもには目的があるのです。

その目的の多くは、親の注目を引くこと。親にほめられたい、認めてもらいたい、愛されたい、信じてもらいたいという一心で、子どもは行動しています。適切な行動をしても見てもらえないならば、いっそ悪い子になって注目してもらおう！　と思っているのです。子どもが困った行動ばかりをしているときは、「お父さん、お母さん、私（僕）をもっと見て、信じて、愛して！」と心の中で叫んでいるのです。

困った行動をしている子どもは、実はその子が一番困っているのです。子どもは親にどのように伝えたらいいのか分からない。ただ、伝え方を知らないだけなのかもしれません。

そのようなときに私たちができることは〝子どもの困った行動には注目しない〟ということです。逆に、当たり前のように目立たない行動には注目して声をかけましょう。

「朝、元気に起きてきたね」「ごはん、食べているね」「幼稚園（学校）、行けたね」

そして、これを子どもだけではなく、自分自身にも行うことが自分の声を聴き、対話をし、心を整えることにつながっていくのです。

「みんなちがってみんないい」のかかわり方で

他の子と比べない

童謡詩人・金子みすゞの有名な詩「わたしと小鳥とすずと」の一節。「みんなちがって　みんないい」という言葉。よく耳にしますし私も大好きな言葉なのですが、子育てをしていると、頭では分かっているのに他の子どもと比べてしまいがちです。みんな違っていていいと思いつつも、周りの子と同じペースで育ってほしいと願い、他の子ができたことを自分の子ができないと焦《あせ》ったり、思い悩んだりすることはありませんか？　実は、私もその一人でした。

ゆっくりと成長していった娘のトイレトレーニングを始めたのは二歳後半のとき。トイレにシールを貼ったり、かわいいパンツを買ったりと、さまざまな方法でトライしたのになかなかオムツが外《はず》れませんでした。

「みんなちがって　みんないい」「ゆっくりも個性の一つ」と思っているのに、

他の子のオムツが外れた時期と比べたり、誰かの「オムツが外れた！」というブログを読んで、焦ったり。

ある日「この子はこの子、待ってみよう。トイレトレーニングはちょっと横に置いておこう」と、あえて注目しないということを実践したのです。数か月が過ぎたころ、「ママ！　今日、パンツマンになる」と朝から宣言してくれたのです。「そうなの？　ママ、うれしいな！　やってみようか」とふだんどおりにゆるりと子どもと過ごしていたら……。気づいたら、一日パンツでいてもおもらしなし。そして、翌日も！

できなかった期間を思い起こせば、〝オムツが外れない〟というところに私の意識が向き過ぎていた気がします。そこを「まあ、いいか。オムツが外れていない大人なんていないしね」とおおらかな気持ちで数か月を待つ姿勢で過ごしたことにより、子どもは自分のタイミングでそのときを決め、実践してくれたのだと思います。他の誰かと比べる必要はなかったのです。

もし比べるなら「その子」と「誰か」ではなく、その子の一週間前、半年前、一年前、生まれたときと比べてみてください。子どもは着実に成長しています。

声かけはきょうだい全員に

また、きょうだいの子育てにこそ「みんなちがって　みんないい」という言葉が活《い》きてくるのかもしれません。例えば、双子で同じ親に育てられていても、性格や成長のスピード、できることは同じではありません。一人ひとりの個性を大切にしていきましょう。一人の子どもをほめたい！　という状況になったら、並列して他の子のできているところにも声をかけます。

子どもは大人が誰に対してどのような言葉を発しているのか、実は敏感に聞いています。「お兄ちゃんだけがいつもほめられている。自分は全然声をかけてもらっていない……」と、子ども心に感じているかもしれません。

子どもをほめるならば、一人だけに声をかけるのではなく、全員をほめる。勇気づける。勉強や習い事、遊び、お手伝い、なんでもいい、ほんの小さなことでいいのです。一人ひとりの長所を積極的に見つけ出し、それに気づかせてあげることが大事です。

「今のこのままの自分でいいんだ」「ありのままの自分に価値があるんだ」と子

ども自身が思えること、「みんなちがって　みんないい」と子どもたちが思えるように大人がかかわっていくことが何よりも大切なのです。

そのためには、大人自身も人と比べず、自分は自分のままでいいと思えることが重要です。親が百人いれば、百とおりの子育てのやり方があります。あなたが信じるあなたの子育てを歩んでいきましょう。

「思いどおりにならないこともある」に気づかせる

お菓子売り場で駄々をこねられたら？

ここでは、子どもの行動に焦点《しょうてん》をあててみたいと思います。日々、子どもと接していると、「困ったな、不適切だな」と思う行動はありませんか？

例えば、夕食の買い物に行ったとき、子どもがお菓子売り場で立ち止まり、「お菓子買って！　お菓子買って！」と大声で言う。このようなとき、あなたはどのような対応をするでしょうか。

最初は「今日、お菓子は買わないよ」と言うけれど、何度も大きな声で言われると根《こん》負けし、しかたなく「一つだけよ」と言ってお菓子を買ってしまう。このようなこと、ありませんか？

お菓子を買ってあげることがいけないというわけではありません。しかし、このようなことが繰り返されると、子どもは一度ダメだと言われても、何度も駄々《だだ》をこねれば買ってもらえるということを学ぶでしょう。「夕食の買い物のときには、お菓子は買わない」と決めたならば、その意思をとおすことが重要なのです。

困った行動には冷静に一貫した態度で

また、子どもの行動にはパターンがあります。大切なことは、困った（不適切な）行動をする典型的なパターンを、大人がしっかりと把握することです。そして、それが好ましくないと思ったならば、家族で協力して抜け出すことです。子どもが困った行動をしたら、「あ、またこのパターンね」と、冷静に気づくこと。

実は、子どもは自分の行動に対して、大人がどのような感情を抱き、どのような対応をするかをじっと観察しています。

大人は、子どもの「大声」や「泣きわめく」などの困った行動に対して、怒ったり、根負けしたりと翻弄《ほんろう》されるのではなく、冷静に一貫した対応をとることが大切です。

「大人の対応」から、必ず子どもは何かを学びます。「大声で泣きわめくと、いつもお菓子を買ってくれる」「大声で泣きわめいても、お菓子は買ってくれない」といったように。

大声で泣きわめいても、買わないと決めたならば買わないこと。「買わないって決めたよね。だから、泣いてもいいけれど、泣いても買えないよ」と冷静に淡々《たんたん》と伝えます。

そこでもし一瞬でも泣き止んだら、「ニコニコさんになったね」とヨイ出し（ダメ出しの反対）をします。不適切な行動には注目せず、適切な行動に注目をして声をかけるのです。

とても根気のいることですが、これを繰り返していくことで、子どもの不適切な行動は減っていくことでしょう。

赤ちゃんのときは、泣けばミルクを与えてもらえるし、オムツも替えてもらえるなど、なんでも自分の思うように大人が動いてくれます。これは一種の万能感です。しかし、成長を重ねていくと、そういうわけにはいきません。

先のようなことを体験しながら「すべて自分の思いどおりにいかないこともあるのだ」と気づいていきます。これは、万能感を手放すことにつながっていくのです。

こうして一貫した態度で接することは「思いどおりにならないことへの耐性」＝「困難を乗り越える力」＝「勇気」を、子どもの心の中で育てていくことにもつながるのです。

子どもの力を信じて任せよう

学校の宿題は誰の課題？

日々、子育てをする中で、子どもが危ない目に遭《あ》わないように、または親が期待しているとおりにできるように、手出しや口出し、助言、指示、命令をしていませんか？

つい、私たちは、子どもが小さいから何もできない、何も分かっていないと思いがちです。しかし、そうではありません。子どもは大きな力、無限の力を持っています。そして、無限の可能性があります。親はその無限の可能性と力を信じて待って任《まか》せることが大切です。

しかし、この信じて待って任せるということが、なかなか難しいのです。そういうときに便利な考え方の一つとして、「課題の分離」というものがあります。

親の課題、子どもの課題は、それぞれ別のものだと考えるのです。子どもは親とはまったく別の人格を持った人間として存在しています。子どもは親の所有物ではないので、一人ひとりを尊敬し、信頼する。その子にやってきた困難、課題についても同じです。

子どもの課題ならば、そこは線を引いて子どもに任せるということが必要です。課題の考え方は、「その行為の責任を最終的にとるのは誰か？」ということがポイントになってきます。

ここで、宿題を例に挙げてみましょう。宿題は誰の課題でしょう。宿題や勉強をしなかった行為の責任を最終的にとるのは誰なのか考えると、分かりやすいでしょう。

宿題をしなくて先生に怒られるのは子どもですし、宿題をしなかったために勉強についていけなくなって困るのも子どもです。

そこで、怒られるのは嫌《いや》だと思ったり、勉強が分からないのは困ると感じたりすると、〝勉強、やったほうがいいかな？　やっぱり宿題やるようにしよう！〟と子どもの心が変化してくるかもしれません。このことは、やらない子どもをほったらかしにするということではありません。

子どもは今しか見えていません。親は「宿題をやったほうがいいと思うのだけど……どう？」「この漢字の書き取りをやっておくと、テストのときに楽じゃないかな？」と未来のことを教え、提案することはできます。これは押しつけや命令ではありません。あくまで「提案」です。

縦の関係ではなく、横の関係でいろいろな選択肢を提案しましょう（小学校の高学年になると、選択肢を提案しなくても自分で考える力がついてきます）。

そして、決めるのは子どもです。宿題や勉強は子どもの課題だからと線を引き、見守る。気になるならば、提案をする。しかし、一度か二度声をかけたら後は子どもに任せる。子どもは一人の人格を持った人間であることを認識し、尊敬し、信じて、待って、任せるようにしましょう。

「あなたの味方」だと伝え続ける

子どもが「宿題をやりはじめたのだけれど、分からない部分があるの……。教

【課題の分離】

子どもの課題	親の課題
学業●学校に遅刻する・勉強しない・宿題をしない・読書をしない	**夫婦関係**●夫婦ゲンカをする・夫婦だけの時間を持ちたい・離婚・別居
交友●友だちができない・友だちにいじめられる	**経済的問題**●家計が苦しい・転職する・仕事が忙しい
生活習慣(家庭内)●机の上を片づけない・決まった時間に寝ない	**親の期待**●大学に入ってほしい・子どもの友だち関係
家庭内での行動●きょうだいゲンカをする・自分のものをなくす	**交友**●親同士の交友
性格●優柔不断	**嫁姑問題**●姑と気が合わない

出典:『愛と勇気づけの親子関係セミナー〈SMILE〉テキスト』ヒューマン・ギルド刊より引用・改変

えてくれる?」などと言ってきたときは、課題を親子の共同のものとしてサポートしてもよいでしょう。何かがあったときに、必要だったらサポートするという並走の姿勢でいることも大切です。常に〝私たちはあなたの味方だよ。家は安全基地なのだよ〟ということを言葉と態度、マインドで伝えていきましょう。

親の課題と子どもの課題は、表のように分けられます。「これは誰の課題だろうか?」と考え、必要以上に子どもの課題に踏み込まない。

子どもと親の間に線を引き、分けて考えるようにすると、イライラが減り、子どもを信じて待ち、任せられるようになるでしょう。

もし、お子さんが病気になったら、朝、ベッドから起き上がることはできないでしょう。ひきこもりになってしまったら、学校に行くこともできないかもしれません。

本来、できて当たり前ということは何一つないのです。ですから、すべてのことに感謝をしながら当たり前のように目立たない行動に注目し、声をかけることが子どもの存在価値を認めることにつながります。

「どんなあなたも信じているよ。お母さん（お父さん）は、何があってもあなたの味方だよ」という気持ちを言葉と態度で伝え続け、家庭を安全基地にしていけたらいいですね。

手出し口出しせずに失敗を体験させよう

子どもは失敗体験から学ぶ

賞罰《しょうばつ》のかかわりと勇気づけのかかわりで、ほめるに代わるものが「勇気づけ」、罰に代わるものが「結末を体験させる」というものです。

例えば、今にも雨が降りそうな日。天気予報を見ると降水確率九〇パーセント。風も強い予報。傘を持って行ってほしいけれど、子どもは「今は降っていないし、傘はいらない」と言って登校。しかし、下校時間には案《あん》の定《じょう》、どしゃぶりの雨となり、ずぶ濡れで帰ってきました。こういうとき、あなたはどのような反応をしますか?

賞罰のかかわりだと「ほら、ずぶ濡れになって。あなたが傘を持っていかなかったからでしょ」と怒ってしまうことが多いかもしれません。

しかし、勇気づけのかかわりでは、怒る代わりにその結末を体験させ、そこから自分自身で学び、次の行動に活かせるようにします。

つまり、傘を持っていかなかったことに対して怒る必要はないのです。怒る代わりに結末を体験させる。子どもは、傘を持っていかなかったからずぶ濡れになってしまった、という結末を体験しました。

親のかかわりとしては、怒るのではなく、「あらー、たくさん濡れちゃったね。どうしたらよかったかな」などと声をかけてもいいですね。すると、次からはどうしたらいいか、子どもは雨が降りそうなときは傘を持っていこうと決心するに違いありません。きっと失敗の体験をとおして、次回からの行動を考えられるように成長していくことでしょう。

親は子どもが失敗しないようにと先回りして言葉をかけたり、誘導したりしがちです。しかし、子育ての目標は「自立」です。親があれこれと手出し、口出しせず、子どもが自分で学び、考えて行動できるようにサポートしていくことが大切です。

子どもは失敗を体験すると、次回はそうならないようにと考えます。それが「困難を克服《こくふく》する力、乗り越える力」＝「勇気」になっていくのです。

子どもにも提案して話し合おう

また、小さなお子さんとレストランに出かけたとき、大きな声で騒いだり、席から立って歩き回り、他のお客さんに迷惑をかけたりしたらどうでしょう。つい怒って注意したくなりますよね。

しかし、私がおすすめするかかわりは、事前に話し合いを持って備えるという方法です。子どもが実際に行動を起こす前に、関係する家族と話し合いをします。それでOKが出たら、子ども自身に責任を引き受けてもらうというものです。

例えば、「今からレストランに行くけれど、レストランは食事をする所なの。大声で騒いだり立って歩いたりしたら他のお客さんの迷惑になるから、そうなったらお店から出ようと思うけれど、いいかな?」と話してみるのもいいですね。

このときに大切なことは、上からの命令ではなく、横の関係を保ちながら話し合うことです。「お店から出ますからね!」という指示命令ではなく、「出ようと思うけれど、いいかな?」と提案し、話し合いをするところが大事です。

年長者やご先祖さまを敬《うやま》うことは大事なことですが、勇気づけのかかわりでは親子は横の対等な関係にあり、お互いに尊敬、信頼し合うことが大切なのです。ただ、この結末を体験させるというものは、小学生以上の子どもが対象になるでしょう。

しかし、結末を体験させることばかりにこだわってしまうと本末転倒になる場合もあるので、子どもを尊敬・信頼し、その場に応じた柔軟《じゅうなん》な対応が大事になってきます。

子どもに自立の兆しが見えてきたら

秘密を持つのは成長の証

いつの日か、子どもたちは親のもとから巣立っていきます。大切に育ててきた子どもが自立し、離れていく。うれしくもあり、頼もしくもあり、そして少し寂しくもあります。しかし、親はいつまでも子どもと一緒に生きていくことはできないので、いつかくるそのときに備えて、一人で生きていけるように少しずつ手を放していかなくてはいけないのです。

なんでも親に相談していた子どもが、あるとき隠し事をするようになる。学校や友だちの話を「うふふ」とそらし、「いや、別に」と言って話してくれなくなる日がやってきます。「ねえねえ、ママ～。聞いて聞いて！　実はね、〇〇ちゃんが好きなんだー」と秘密事も教えてくれていた子が、「うるさい」「言いたくない」「内緒！」などと言うようになるのです。

しかし、実はこういう状態は心にとってとても健康なことで、成長の証《あかし》です。幼いころに家庭において心の安全基地がつくられ、守りがしっかりとできてきたからこそ、外の世界に飛び出せるようになったということ。子どもの心の成長にとっては、とても喜ばしい出来事なのです。親はすべてを知ろうとしないこと。子どもが守りたいと思っている自分だけの世界、子どもの心の境界線を大切にしてあげること。家族だからこそ土足《どそく》で踏み込まないことが重要です。

なんでも把握したい気持ちは我慢！

わが家の娘の話です。小さなころから悩みや困ったことがあると相談してくれていました。しかし、私に言えないことや、言っても解消されないことなどは「紙に書いて、それを破り捨てたりするのもいい方法だよ」と教えていました。

娘は小学二年生ぐらいから時折、小さなスケジュール帳に日記をつけるようになり、中学生になると私と同じ分厚い手帳に日々の出来事を書いていました。娘が何を書いていたのか気にはなりましたが、「ママの悪口とかも書いているんでしょ～（笑）。でも、書いてもいいからね～」なんて冗談のように会話をしていました。

すると、「ママにはなんでも言えるけれど、ママのことはさすがにママには言えないでしょ」と。確かにそのとおりです。だから当たり前ですが、日記を見たことはありません。家族であっても、そこはきちんと彼女の境界線を守って決して侵入しないこと。

子どものことはなんでも把握しておきたいという気持ちがある方もいらっしゃ

るでしょう。しかし、そこは信じて待って任せる。大人の心の自律・自立が子どものの自立を促《うなが》します。

一方で、どのようなことがあってもこの子には乗り越える力があると信じることも必要です。常に一人の人間として尊敬心を抱き、接することが大事だと思います。

また、「依存の関係」はよくないと言われますが、「共依存」と「相互依存」は別物です。

「共依存」とは、一見すると子どもが親離れできずに甘え、頼っているように見えますが、親のほうも「この子は私がいないとダメなのよ」と思い、共に依存し合っている状態。しかし「相互依存」は、子どもも親も自立していて成熟した関係です。

本当によい親子関係である「相互依存」をめざして、親子関係を築いていきましょう。

思春期の子どもとのかかわり方

幼かったわが子が思春期になり、気づくと「うるさい」「別に」「関係ないでしょ」と言い、行動や態度も変わってくる。そういう変化に戸惑《とまど》い、どのようにかかわっていけばいいのか分からないという方も多いのではないでしょうか。

まず知っておいていただきたいのは、この変化は成長段階において必要な変化であり、彼らは自分でもどうしていいか分からないまま行動しているということ。

思春期の子どもに限らず、人は常にどこかに居場所を求めています。しかし、彼らはそれをじょうずに伝えることができず、暴言や問題行動を起こしてしまいます。彼らは、暴言や問題行動をとおして「支援要請しているのだ」と翻訳する力が親には必要になるのです。

例えば、「うるさい」「別に」というのは、憎まれ口をたたきながらもかまってほしい気持ちの表れ。「私（僕）のこと、忘れずそっと気にしていてね」と捉《とら》えることができます。

思春期の子どもは、適切な方法（行動）で居場所を見つけることができず、不適切な方法（行動）で見つけようとする場合があります。子どもの不適切な行動は次の四つです。

注　　目：子どもは周囲の関心を引くために不適切な行動を起こす
権力闘争：子どもは関心が引けないと親に挑戦してくる
復　　讐：子どもは挑戦に敗れると復讐してくる
無 気 力：子どもは復讐に疲れると無気力を装いだす

このような場合、どのように対応すればよいのでしょうか。五つの方法があります。

①尊敬・信頼・共感の態度で接する

思春期は、親には言いたくないこと、踏み入れてほしくない部分もあるでしょう。そういう部分も詮索せず受け容れること、忍耐と決意も大切です。

②不適切な行動には注目せず、取り合わない

注目した行動は強化され、増えていきます。あえて注目せずさらりと流す。お目こぼしもありでしょう。

③感情的にならず、気持ちを伝える

親が迷惑をこうむることがあれば、その気持ちを淡々と冷静に伝えましょう。

④適切な行動に注目し声をかける

当たり前のように目立たない行動に注目し、言葉や態度で示しましょう。

⑤挑戦(争い)の土俵には上がらない

争いから身を引き、思いやりを持って断固とした態度をとりましょう。

思春期は自立期です。親の束縛《そくばく》から離れ、親より友だちのほうが大切になる年齢であり、親よりも体験から学ぶ時期でもあります。失敗するかもしれません。でも忍耐と決意を持って見守っていきましょう。

もちろん、日ごろから対話できる関係性を築き、子どもが必要としたときに、さっとサポートできる体制をつくっておく、つかず離れずの感覚も大事です。そして思春期というのは、家庭、学校とは別の第三の居場所が必要な時期でもあることを理解しましょう。子どもの世界を守ってあげることも大切です。

もちろん、法に触れたり、自他を傷つけたりする場合は毅然《きぜん》とした態度で接しなければいけません。言わなくてはいけないところはしっかり伝えることも重要です。

アドラーは「思春期のトラブルの最も優《すぐ》れた予防手段は、友情を育てることである」と『子どもの教育』（アルテ）の中で述べています。子どもは親とはまったく違う人間なのだということを自覚し、友情に満ちた態度で接していきましょう。

共同体の中に居場所があり、かけがえのない存在である、そして私はあなたの仲間なのだと言葉と態度で伝えていくこと、〝親友・仲間として対話をすること〟こそ、思春期のかかわりとして大切なのではないでしょうか。

二十歳を過ぎても子どもが気になる

いくつになっても続く子育ての悩み

私は講演や講座、研修などを通して、小学生から八十代くらいまでのさまざまな年齢層の方々に〝勇気づけのかかわり〟をお伝えしています。そのような中で、「もっと子どもが小さいときにこの考え方に出合いたかった」「もっと早く学びたかった」という声をよく聞きます。

ある五十代の女性Dさんは「二十二歳になった娘がいるのですが、まだ間に合うのでしょうか。娘が幼いころに寄り添ってあげられなかったから……。今からでもなんとかしたいです」とおっしゃいました。

二十歳を過ぎたお子さんとの関係がうまくいかない場合、自分の子育てに何か問題があったのではないか、ダメな部分があったのではないかと思われる方が多いようです。

Dさんは、娘さんが二十二歳になるまで迷いながら、悩みながら、その時々に最善と思われる方法を選んで子育てをされてこられたと思うのです。

私はまず次のことをお伝えしました。

「何よりもこれまでの自分を『頑張ってきたね』とねぎらってあげてください。今のDさんと娘さんが存在しているのは、過去のDさんがいたおかげなのですから」

「あのときこうしていれば」があるならば、今ここから始めよう

アドラー心理学では「今ここから」という未来志向で考えます。過去は変えることはできませんが、今ここからできることはたくさんあります。

私は看護学校で人間関係論の講義をしていますが、そこで十八歳から四十代の多くの学生さんとかかわっています。新学期が始まる四月ごろというのは、まだ学生さんたちとの関係性は薄いのですが、講義中に「うなずいて反応してくれてありがとうね」「休み明けで疲れているのに頑張っているね。学校に来てちゃん

と講義を聞いてくれてありがとう」と感謝の言葉を伝え、学生さんのさまざまな意見に対しても受容します。

また、講義後に提出してもらう感想には、その学生さんができているところに注目し、必ずコメントを書いて返しています。最初はぎこちないやりとりでしたが、最後のほうになると心の内側を見せて相談してくれたり、思いを語ってくれたり。

ある学生さんは、最後の感想でこんなことを書いてくれました。

「授業中、先生が〝ありがとうございます〟〝〇〇かもしれないね〟〝もしかしたら、そう考えた人もいるかもしれないね〟と、当たり前のことに目を向けて感謝したり、いろいろな意見をすべて受け止めたり、〝〇〇してもらってもいいですか〟とお願い口調で話すのを聞いて、自分も自然とそういう言葉を口にすることが増えた気がします。私もどんどん使って周りにも良い影響を与えられるようになりたいです」

勇気づけのかかわりで接しても、相手の年齢が高くなると、すぐに変化は見えてきません。

もう手遅れかしらと不安になるかもしれませんが、相手の表面上の反応にとらわれず、ひたすら勇気づけを続けていく。常に感謝の気持ちを伝えていく。小さなことを見逃さず、当たり前で目立たないことにこそ注目をして、ちゃんと言葉にして伝えていく――。すると人は変化していきます。

先のDさんの過去は変えられませんが、今のDさんと娘さんをつくってきたのは、過去のDさんです。過去のDさんに感謝しつつ、もし「こうしていればよかった……」と思うことがあれば、〝今ここから〟取り入れてみてください。根気強く勇気のしずくを落としていくことで、娘さんも変わっていくでしょう。今からでもじゅうぶんに間《ま》に合います。

最後に一つ。お子さんも二十歳を過ぎればひとり立ちできる年齢です。生きる力を持っています。Dさんも娘さんも大丈夫。

これからは「心配」ではなく「信頼」で、自分も相手も信じるところから始めてみてはいかがでしょうか。

親は育て方の責任をいつまでも背負わなくていい

子どもが四十代、五十代になったら?

もう一つ、相談内容をご紹介します。Eさんという七十代の方からです。

「子どもたちは皆、親元を離れてそれぞれ家庭を持っていますが、きょうだい同士あまり仲がよくありません。どうしたら仲よくなるのか、自分の育て方のどこが悪かったのか悩んでいます」

お子さんたちは独立し、家庭を持つまで育ててあげられたとのこと、本当にお疲れさまでしたという気持ちでいっぱいです。

アドラー心理学では「親の課題」と「子どもの課題」はそれぞれが別のものだと考え、「その行為の責任を最終的にとるのは誰か?」という視点で見るということはお伝えしました。

この考え方は、親子が年齢を重ねていても同じです。Eさんとしては、四十代、五十代の子どもたちに、きょうだい仲よく過ごしてもらいたいという思いがあるのでしょう。しかし、すでに子どもたちは独立し、生まれ育った家庭とは別の価値観を持つ伴侶と家庭を築いている大人です。

今回の場合は、子どものときのようにけんかをしているわけではないかもしれません。どうしたら仲よくなるのか悩んでも、そこはもうEさんが踏み入る課題ではないので、お子さんたちを信じて見守っていくのがよいでしょう。もしかしたら、何かをきっかけに関係が改善するかもしれません。

また、Eさんは育て方のどこが悪かったのかとご自身を責めていらっしゃいます。子育てに親の影響がまったくないとは言いません。しかし、親の言動の受け取り方はそれぞれですし、生き方も子ども自身が選んでいきます。

いつまでも親が育て方の責任を背負うことはないのです。今この瞬間まで育ててきた事実、それでじゅうぶんではないでしょうか。

子どもとの境界線を引く

もう一つ、「心の器づくり」の観点からお伝えすると、自分と相手の間にしっかりとした境界線を引くことがとても大切です。境界線が弱くて曖昧《あいまい》だと、相手の課題を自分の課題のように捉え、生きづらくなります。相手の要求を断ることができなかったり、受け容れ過ぎたり、言いなりになったり。また、無意識のうちに自分自身が境界線を越えたり越えられたり。相手のことを心配し過ぎたり、必要以上に自分が関係していると思ってしまったり……。

Eさんも、無意識のうちにお子さんたちの境界線に入りこんでしまっているのではないかと想像します。まずは、ご自分とお子さんたちの間にしっかりとした境界線があることを意識しましょう。境界線を引くことは、相手に対して冷たく接することではありません。自分の境界線を大切にできる人は、相手の境界線も大切にできます。そして「自分が心配しなくても、特別に仲がよくなくても、彼らは彼らの人生を歩んでいる」と見守りましょう。

ぜひ、「境界線の内側の自分に意識を向け、自分自身を大切にする」というところから始めてみてください。そして、お子さんたちには対応する力があると信じましょう。

自分自身の時間ややりたいことに目を向けて、限りある人生を主人公として生きていく——。そのような姿や生きざまをあなたの背中で見せていけるといいですね。

第４章

心地よい人間関係をつくり出す勇気

子育て、人育てで大事な共同体感覚

四つで構成される「共同体感覚」

私たちは、どんなに心身が強くたくさんの財産を持っていたとしても、一人で生きてはいけません。人は他者とのつながりの中で生きています。人とのつながりのことをアドラーは「共同体」といいます。

第2章で少し触れましたが、アドラー心理学で大切にしている二つの思想が「勇気づけ」と「共同体感覚」でした。共同体感覚とは、共同体（家族・地域・学校・職場・国など）の中での所属感・共感・信頼感・貢献感を総称したものです。

子どものころから共同体感覚が持てるように親がかかわることこそ、子育てで大事なことです。所属感・共感・信頼感・貢献感の四つの「感」を同時に持つことが共同体感覚だといえます。心も体も安定し、満たされ、幸せと感じられる状態といってもよいでしょう。

次に四つの「感」をご説明します。

①所属感：自分には居場所がある、そしてその自分には価値があると思える場所があると感じられること

人は一人では生きていけません。私たちは家族、地域、学校、職場などさまざまな共同体に所属しているという感覚が必要です。そして、〝何かができている、できていない〟ではなく、ありのままの自分でOKだという存在価値と、そのありのままの自分を受け容《い》れてくれる自分の居場所、安全基地があることが大切なのです。特に家庭内での子どもの究極目標は、家族の中に安心できる居場所を見つけることになります。

②共感：相手の関心に関心を持つこと

相手の関心に関心を持つということは、自分ではなく、相手の目で見、相手の耳で聴き、相手の心で感じることです。自分の視点だけではなく、子どもや相手、他者の視点で物事を見て、聴いて、感じられるようになると、共同体の中でよりよい人間関係が築けるようになります。

③信頼感：この世界は安全で、優しく、自分も他者も信頼できると感じられること

あなたは世界をどのように見ているでしょうか。「世界は危険で敵ばかり」という思いで生きていたら、世界は危なく険しく周りは敵ばかりと、心休まる暇もない日常が繰り返されるでしょう。しかし、「世界は優しい、世界は安全で人々は味方だ」という思いで生きていたら、日々優しい出来事にあふれ、自分も他者も世界も信じ、頼って生きていくことができるでしょう。

④貢献感：自分は世の中や人の役に立っていると感じられること

自分がやってもらうだけではなく、仕事でも子育てでもなんでもいいので自分が人に何かをする。自分自身が誰かの役に立ったと思えるとき、人は意欲が湧いてくるし頑張ろうという気持ちにもなります。ただ、何かをすることが貢献になるのではありません。その人の存在そのものが他者にとって社会にとっての貢献になることも忘れてはいけません（このことについては、後ほど詳しく述べます）。

この共同体感覚を育てるためのかかわりが〝勇気づけ〟になるのです。

自分の居場所があり、そして自分には価値があると思える場所があると感じられること。子どもたちには「あなたはここにいていいんだよ。そのままのあなたに価値があるんだよ」と、繰り返し言葉と態度で伝えていく必要があります。

そうすることで、子どもたちはこの世界は優しくて安全で、周りの人々はみんな仲間なんだ、自分も周りの人も信頼できるんだと理解していくでしょう。すると、相手のことをもっと知りたい、相手のことを理解したいと、相手に関心を持てるようになります。

優しい世界をつくるための一日ひとしずく

幸せのひとしずく

「自分は誰にも頼らずに生きていける！　大丈夫！」という人も、住んでいる家は誰かがつくってくれたもの。私たちの命は両親やご先祖さまたち先人がいてくださったからこそ存在しています。人は、家族や地域、職場などの共同体の中でのみ生きていけるというのが、アドラー心理学の基本的な考え方です。

私たちはさまざまな共同体に属し、周りの人々と共感し、信頼し合い、その中で自分なりの役割を果たしていくことで共同体感覚を育《はぐく》みます。

また、「自己受容、他者信頼、貢献感」の三つがそろうと幸せにつながっていきます。自己受容とは今の自分をあるがままに受け容れること。他者信頼とは人々は仲間だと信頼すること。そのような世界で自分は役に立つ人間だと感じられるのが貢献感です。

優しい世界をつくるために一人ひとりができる小さな貢献。私のおすすめは「一日ひとしずく」です。

日々の生活から実践できること

貢献感が育まれていくと、自分も何か役に立ちたい、役に立てるのではないか？　という思いが内側からふつふつと湧いてきます。そして、実際にみずから進んで行動を起こし、周りに貢献し、自分は役に立っていると感じられるようになっていきます。

もちろん、何かができるから役に立っている、何かができないと役に立たないというわけではありません。何もしなくても、あなたの〝存在そのもの〟が貢献なのだと伝えていくことも大事でしょう。

すると子どもたちに「共同体感覚」が育成されていき、内側から湧いてくる思いを持って、国や世界に力を尽くせるような人材に育っていくのではないでしょうか。

先日、小学生の娘に「国や世界のために、何かしようと考えたことある？」と聞いてみると、「そんなこと考えたことないなあ」と言っていましたが、「でも、ゴミを減らすためにマイバッグを持っていくとか、鉛筆を最後まで大切に使うとか、そういうのは違うの？」と聞き返されました。

子どもたちは今、学校で地球温暖化やＳＤＧｓ（持続可能な開発目標）などを学び、自分たちができることを実践しています。あらためて日本のため公共のためと声を大にしなくても、子どもたちは日々の生活の中でちゃんと理解し、できることをやってくれているのだと感じています。

私たちは、このようなことを日常の中で子どもたちと共有し、彼らの小さな行動に感謝し、勇気づける。

そして、日々の生活の中でのちょっとした行いが、国や世界のためにつながっているということを子どもと対話し、かかわっていくのが大切なのではないでしょうか。

循環するドロップエフェクト

まずは自分の心の器《うつわ》を満たすのが最優先なので、自分にひとしずく。自分に「ありがとう」「頑張っているね」「そのままでいいんだよ」と言葉をかけていきましょう。ご自愛《じあい》でしたね！　そして次は周りの人々に。

私は外出先の駅やトイレなどを掃除してくださる方に「ありがとうございます」と言うようにしています。

通りすがりの人が突然声をかけるので、びっくりされる方もいらっしゃいますが、たいていはうれしそうに「どういたしまして」「いってらっしゃい」と返してくれます。続けていると、娘たちもトイレ清掃の方々に感謝の言葉を伝えるようになっていました。

このように言葉をかけるのもいいですし、行動で表すのもいいでしょう。先に述べた「道ばたでゴミを拾う」というのも行動のひとしずくですね。

水面に水滴が一滴落ちると、必ず波紋が広がります。あなたのたった一つの行いは、必ず周りに、そして世界に広がっていきます。私はこれを「ドロップエフェクト（しずく効果）」と呼んでいます。

水を張った器の中にひとしずく落ちると波紋となって広がり、縁《ふち》にあたって波紋はまた中央に戻ってきます。あなたが落としたしずくから広がった波紋の先には誰かがいて、その誰かに行きつくと、またあなたに戻ってくる。これが勇気のしずくの循環です。

勇気づけをし合う、幸せな世界を共につくっていけたらいいですね。

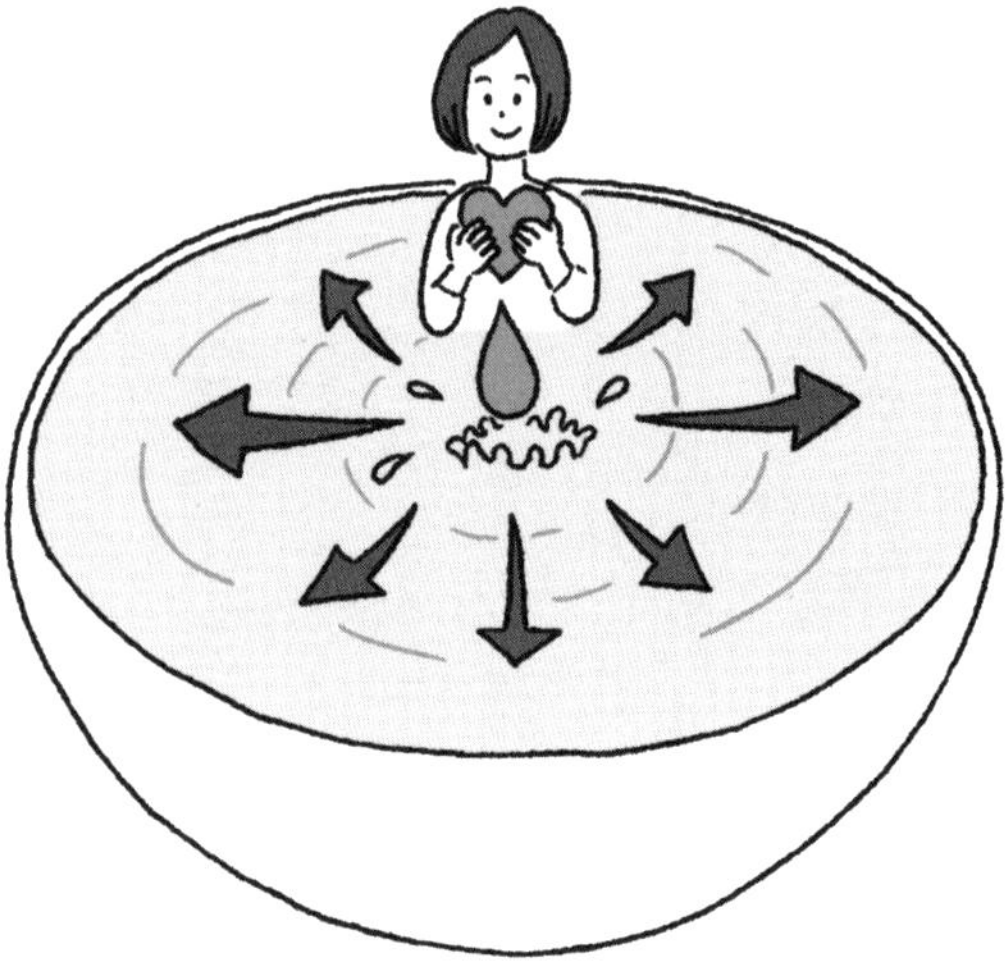

心地よい家族時間の過ごし方

ギフトととるか、ピンチととるか

コロナ禍《か》では外に出ることが制限され、家族と同じ空間で一緒に過ごす時間が多くなり、もやもや、ザワザワ、イライラした方もいらっしゃったことでしょう。しかし、起こった事象、物事をどう捉《とら》えるかは、自分で決めることができます。

家で過ごした期間をギフトととるか、ピンチととるか。失われた時間だったとみるか、宝物のような時間だったとみるか——。どのように感じて行動するかはあなた次第ですが、家にいる時間ができたからこそこれまで見えなかったものが見え、聴けなかったことが聴こえ、感じられなかったことが感じられる絶好の機会になったと思います。

当時、私は家族と一緒にゆっくりと時間を過ごせるのは〝今だけかもしれない〟と思い、わが家は「ギフトのような期間だね」を合言葉に過ごしていました。とはいえ、「大切な家族と一緒にいられるのはうれしい反面、いつも一緒で自分の時間がなくなってしまう」「一日中、顔を合わせているからきょうだいげんかばかり」「つい子どもに小言ばかり言ってしまい、心が疲れてしまった」という方もいらっしゃったことでしょう。

次に、心地よく家族との時間を過ごせるためのヒントを二つお伝えします。

大人も心の枠を育もう

一つは、親が自分の枠《わく》を大切にするということ。ここでいう「枠」とは、空間の枠、時間の枠、心の枠（器）のことです。どんなに親しい間柄、家族でも、自分だけの空間や時間というのは必要です。しかし、家の中で自分だけの空間をつくるのはなかなか難しいものです。

そこで家族より十五分ほど早く起床して、あなただけの時間と場所を確保してみませんか？　温かい紅茶やコーヒーを入れて深呼吸をする。ヨガやストレッチをするのもいいですね。朝が難しい方は、子どもたちが寝静まった夜の時間もおすすめです。

一日を習慣化するのも「枠づくり」の一つです。これを実行していると、自然と心の枠も育まれていきます。親の心の枠が育まれていくと、子どもの心の枠の成長にもつながります。自分と子ども、お互いにお互いの時間と空間を大切にできるようになると、自然と心に余裕も生まれてきます。

もう一つは子どもの「好き」を尊重し、共有・共感すること。小学生の子どもとかかわるのは勉強を見てあげるときという方が多いかもしれませんが、子どもが大好きな遊びやスポーツをちょっとでも一緒に楽しむ時間をとってみましょう。

わが家の娘はレゴブロックや工作が大好きです。二時間くらい集中しているときもあり、「何を作っているの？」「どんなところを工夫してみたの？」とそっと言葉をかけると、目をキラキラと輝かせながら教えてくれます。

また、一緒に人形を使って遊ぶ時間をつくると大喜び。共感は、相手の目で見、相手の耳で聴き、相手の心で感じることなのです。時間に余裕があるときこそ、子どもの世界を一緒にのぞくことができるのかもしれません。自分が好きなこと、自分の世界を共有・共感してもらえた子どもは、自分自身を大切にしてもらえたと感じ、心も満たされていきます。

この二つを意識することで、今までよりも心地よく家族時間を過ごせるようになるのではないでしょうか。

家族のルールは家族みんなでつくる

ルールって誰が決めるもの？

一番身近なルール。それは、家族の中の決まり事ではないでしょうか。

〝家族〟というのは一番小さな社会です。その家族間のルール、あなたはどのように決められていますか？　親が決めた、いつの間にか自然にそうなっていた、親がやっていたことをそのまま引き継いでいる、という方も多いのではないでしょうか。

私の心理学講座の受講生さんで、「洗濯する服や靴下は、脱いだら表《おもて》に返して籠《かご》に入れる」とご家庭のルールを挙げた方がいました。どのようにして決められたのか尋ねると、洗濯のたびに表に返すのが大変なので、自分から「こうしてね」と夫や子どもたちに言ったとのこと。

しかし、守られていないことも多々あるそうです。そういうときは「どうして決めたことなのに、みんなやってくれないのかなあ」と悲しくなったり、怒りが湧いてきたりするとおっしゃっていました。このような経験、あなたにもありませんか？

「家族のみんながルールを守ることが当然」と思いがちですが、もしかしたら家族は「お母さんが勝手に決めたことだよね。なぜ守らなきゃいけないの？」と、思っているかもしれません。

実はルールというのは、〝誰と決めたか〟〝どのようにして決めたか〟〝どのような関係性のうえで決めたか〟ということが大切なのです。

あえて家族会議を開いてみる

そこでおすすめしたいのが「家族会議」です。家族会議とは民主的な雰囲気の中で、さまざまな事柄を家族全員で話し合い、合意し、解決に向かう手続きのことをいいます。

「民主的」を辞書で引くと「その国の主権が国民にあること。人間の自由や平等を尊重すること」とあります。家族会議に当てはめると、家族間での「何か」を決める権利が家族全員にあること。家族全員の自由や平等を、年齢や役割に関係なく尊重することといえるでしょう。

先の洗濯物の例でいうと、母親が「こうしてね」と一方的に言うのではなく、「みんなが服とか靴下を裏返しのまま洗濯籠に入れるから、実は毎回、お母さんが表に返して洗濯をしているの。他にもゴミ出しや食事の支度《したく》、お風呂やトイレの掃除などもあるから、みんなに協力してもらえたらと思って。私も仕事をしながらの家事で大変だから、このことについて家族で話し合いたいのだけれど、どうかしら」という感じで実情を話し、提案をします。

家族会議には全員が参加し、信頼と尊敬の気持ちでお互いを認め合うことが重要です。家族の大事な決め事は、誰かが勝手に決めるのではなく、家族全員を尊敬・信頼し、話し合いの場を設《もう》け、みんなで考えてルール化していく。このようにすれば家族全員が参加して決めたものなので、ちゃんとみんなで守ろうという思いも育まれていきます。

日々の生活の中にあえて「家族会議」という時間をつくり、親が先に尊敬と信頼を示すことで子どもたちも安心して自分の意見が言えるようになり、あらたまった場でなくても気軽に話し合える関係性ができ、協力し合えるようになるでしょう。

将来、子どもたちが社会に出たときに、ルールや決まり事を大切にしながら他者を尊敬・信頼し、対話ができる力を育てることにもつながります。

家族会議を開いて、家族の中での決まり事やルールを決めてみることをおすすめします。

ほどよい距離感で夫婦仲よく

二つの〝あえて〟を実践してみる

コロナ禍以降、在宅勤務という選択肢も珍しくなくなりました。本来ならば外で仕事をしているはずのパートナーが家にいて、自分一人の時間が持てなくなったために心が落ちつかず、イライラ、もやもやするという方もいらっしゃるのではないでしょうか。

実際、私のカウンセリングや講座の中でも、夫婦関係・パートナーシップに関する悩みを相談される方が増えました。「新しい生活様式」のように、夫婦や家族のコミュニケーションのとり方にも新しい様式が必要なのかもしれません。そこで、今回は二つの〝あえて〟をご提案します。

一つは、あえて夫婦会議をやってみる。例えば、職場では企画会議、学校ではクラス会議などが開かれます。夫婦間ではどうでしょう。「会議なんて仰々《ぎょうぎょう》しい！」と思われるかもしれませんが、勇気づけ合う夫婦をつくるためには、時間と対話を重ねることが何よりも大切です。

対話は単なる会話ではなく、〝対話のために時間をともにすること（TTT：Time to Talk Together）〟が大事になってきます。「TTT」は、アドラー心理学の師でモントリオール個人心理学研究所理事長のジョセフ・ペルグリーノ博士が提唱されている言葉です。

TTTとは心からのコミュニケーションで、お互いに満足できる答えを一緒に見つけること。それは意地悪だったりネガティブだったり厳しかったりするのではなく、的《まと》を絞った優しい言い方を見つけること。

普段の会話も大切ですが、あえてよりフォーマルな場をつくり、対話を重ねていくこと。相手に「このことについて、時間をつくって話がしたいの」と伝え、時間を共にし、語り合う。相手の意見を尊重しながら自分の意見もしっかり伝え、認め合う。夫婦会議を家族会議に拡大していってもいいですね。そうすることで、夫婦、家族がお互いに尊敬、信頼し合い、より深い絆《きずな》を結ぶことができるのではないでしょうか。

もう一つは、相手に行き過ぎた関心を持たない。つまり、あえてお互いに一人の時間を大切にするということです。一緒にいる時間が多くなると、相手の幸せを思って干渉し過ぎてしまう人もいるかもしれません。しかし、行き過ぎた関心は、お互いの関係を居心地の悪いものにしてしまう可能性もあります。

思いは言葉にして伝えよう

夫婦や親子であっても、言いたくないこと、話したくないことがあって当然です。誰も入ってこられない領域、自分だけの安全基地は必要なのです。

例えば、「この時間は一人で本を読む時間にしたい」「○時から○時まではお茶を飲んでゆっくりしたいから、そっとしておいてくれる？」などと伝えて、別の部屋や車の中、カフェなどで過ごす。同じ部屋にいても心の中では線を引き、自分のことに集中するというのもいいですね。人は自分を大切にできて、はじめて相手を大切にすることができるのです。

時間も同じです。一人の時間を大切にすると、相手との時間も大切にできます。パートナーとほどよい距離をとる。自分と相手の境界線を大切にする。相手のことに介入し過ぎないというのも、今の時代を生きるには必要な工夫なのではないでしょうか。

このように、一緒に語り合う時間と一人の時間をつくるなど、状況に応じて使い分ける。そのときは、あえて「二人で話す時間をつくろう」「今は一人で○○をしたいの」と言葉に出して伝えること。「わざわざそんなことを言わなくてはいけないの？　水くさいなあ」と感じるかもしれませんが、このひと言が相手に対する配慮、細《こま》やかな心づかいになるのです。

あえて一つひとつの思いを言葉に出して伝えることが、夫婦のあり方、新しい生活様式なのではないでしょうか。

近しい人こそ関係に甘んじない

きょうだいや友だちなど、親しく近しい人との望ましい関係のあり方、築き方について悩んだことはありませんか？

嫌いな人や苦手《にがて》な人ならば、そのとき限り、必要なときだけ大人の振る舞いで接し、その後は離れることもできます。しかし、近しい人となるとそうはいきません。親しいがゆえに言いたいことがはっきり言えず、妥協したりすることもあるのではないでしょうか。

望ましい関係を築くには、五つのポイントがあります（『愛と勇気づけの親子関係セミナー〈ＳＭＩＬＥ〉テキスト』ヒューマン・ギルド刊を参考に作成）。

①お互いに尊敬、信頼し合うこと

年齢、性別、職業、役割などの違いはあっても、人としての命の重さや価値にかわりはありません。相手を無条件に信じることが大切です。

②相手の立場に立って物事を見ること

人は自分の〝めがね〟で物事を見る傾向があります。相手の〝めがね〟にかけ替えて、相手の目で見て、相手の耳で聞き、相手の心で感じましょう。

③礼儀正しく振る舞い、温かさと優しさを行動で示すこと

「親しき仲にも礼儀あり」ということわざがあります。関係に甘んじず、礼節を持って接し、しっかりと言葉と行動で表すことが大切です。

④相手の「あるがまま」を受け容れ、「あるべき」姿を押しつけないこと

人それぞれが持っている〝べき〟は違います。それは間違いではなく、単に自分とは違うだけ。その人をそのまま受け容れましょう。

⑤お互いに不完全であるという理解を持つこと

私たちは完全ではない人同士で人間関係を築いていきます。失敗を許容しつつ、共に歩んでいきましょう。

尊敬と信頼から生まれる真の友情

心の奥底を打ち明けられる友だちはいますか

あなたは〝腹心《ふくしん》の友〟という言葉をご存じですか？　名作『赤毛のアン』の中で、主人公のアンが生涯の友だちとなるダイアナに初めて会うときに使った言葉です。腹心の友とは、仲のいい友だちのこと、心の奥底を打ち明けられる本当の仲間のことと、アンは言います。

私がこの本を読んだのは小学三年生のころ。幼《おさな》いながらに、私にもいつか腹心の友と呼べる人ができるのかな？　そうなったらいいなあと、ぼんやりと思ったことを覚えています。

心の奥底を打ち明けるということは、自分の弱さも一緒に見せるということ。よほど相手のことを信じていないとできません。腹心の友とは、それがお互いにできる友だちということ。そんな友だちはそう簡単には見つからない、なかなかハードルの高いことだなと感じていました。

そういうことからも、私はどちらかというと友だちは少ないほうです。学生のときは、友だちグループのことで悩み苦しんだこともありました。

しかし、その苦しみと葛藤があったからこそ、「親友なんてそんなに簡単にできない」「信じられる人は一人か二人いればそれでいい」と思えるようになったのです。

アドラー心理学では友情についても触れていて、人生で取り組まなければいけない課題は、仕事・交友・愛の三つとしています（現代アドラー心理学では、これに別の二つが追加されています）。

交友の関係をよりよくするために大切なのが、「相互尊敬」「相互信頼」です。「相互」という言葉が前についているのがポイント。どちらかが上とか下ではなく、勇気づけ合える横の関係。そして、お互いに相手を尊敬し合い、深く信頼し合う関係。

家族ではないので、価値観はまったく違うでしょう。しかし、その違いを認め、礼節を持って接するのが尊敬です。より先により多く、ひとりの人格ある人間として相手を尊敬します。

そして、信頼というのは信用とは違い、根拠がなくとも無条件に信じ続けることです。

そのような深い絆で結ばれる友だちは、親友とも呼べますね。

親友はたった一人でもいい

私の学生時代からの親友は二人くらい。大人になってからも親友とお互いに呼べるのはほんの数人ですが、この数人の友だちが今の私を支えてくれています。困ったとき、落ち込んだとき、家族にも言えない悩みがあったとき、彼らは私を支えてくれました。

親友・腹心の友とは、本当に困ったときに助けてくれる人でもあると思います。

絶望にさいなまれるような出来事が起こり、誰かに話したいと思って連絡をしたとき、察して話を聞いてくれる人。会ってただただ隣にいてくれる人。言いにくいことをはっきりと、ダメなことにはきちんとNOを言ってくれる人。表面的な関係ではない、心から相手のことを考え、ぶつかってきてくれる人。そういう人が人生に一人でもいい、いてくれたらきっと、あなたの人生も豊かなものになるでしょう。

今は、インターネットを利用して離れた人とでも簡単につながれます。だからこそ、自分が心から大切にしたい友だちは心の目で見てしっかり選ぶことも重要です。時間は有限。時間は命です。

友だちとのつき合い方は、自分とのつき合い方にもつながります。自分自身を大切に扱って、はじめて他者・友だちからも大切に扱ってもらえます。

お互いを自分のことのように大切に扱える人同士が尊敬と信頼で結ばれ、真の友情が育まれていくのではないでしょうか。

あなたが望む豊かで幸せな世界を、一緒に創っていける人と共に過ごしていきましょう。

優しく安全な地域づくり

危険から身を守ることも教えよう

私が幼かった一九七〇年代は、今よりも近所づき合いが盛んでした。学年が違う子どもたちと一緒に遊んだり、近所のおじさんやおばさんともあいさつやおしゃべりをしたり。駄菓子屋さんや文房具屋さんと顔見知りになって、自分の好きなものを覚えてもらう……。そのような日常があちらこちらにありました。しかし時代は変わり、ご近所や地域の方との関係が希薄《きはく》になっています。

数年前、ある地域新聞に次のような投稿がありました。

「子どもには知らない人から話しかけられたら逃げるように言い聞かせている。マンションで会った人にあいさつをされても困るので、マンション内で〝あいさつ禁止〟が取り決められた」

人とのコミュニケーションに欠かせないあいさつが禁止されなければいけない

世の中になったことに、驚きとともに寂しさを感じたのを覚えています。

あいさつや会釈《えしゃく》というのは、近所の人とのかかわりや連携、社会的孤立を防ぎ、防犯にもつながります。

わが家の娘たちの登校班集合場所は公園の脇で、そこにはゴミ収集所がありま す。ちょうど登校時間はゴミ捨てやお散歩、仕事で通る方もいらっしゃるので、私は娘たちを見送りに出て笑顔で「おはようございます」と近所の方にあいさつをする姿を子どもたちに見せるようにしています。

子どもたちには近所の方との交流を目の前で見せながら、「知らない人から声をかけられた場合は気をつける。自分の身は自分で守る」ということも、しっかり伝えています。

基本的には、みんな仲間で世界のことを信じているけれど、世の中には危険なことがあるから注意しなくてはいけないということを、言葉と態度で子どもに教えていく。

このような世の中の不条理や葛藤を、しっかりと子どもたちに伝えていくことも大切なのではないでしょうか。

何気ないひと言や笑顔にも意味がある

私自身も地域の方に助けられたことが何度もあります。子育てのことで悩んでいたとき、親しくしている近所の方にポロリと話したのです。すると「そういうこともあるわよ。でも、ちゃんと育っているじゃない。大丈夫よ。みんな大丈夫！」と励ましてくれたのです。

その「大丈夫よ」というひと言が、どれだけ私に勇気を与え、力になったことか。実家が遠く、相談する年長者が身近にいない私にとって、その方はとても大きな存在でした。このように、悩みの相談窓口を近所や地域の方が担《にな》ってくれることもあります。

あなたの微笑《ほほえ》みやあいさつ、何気ないひと言が、周りの方を助けている可能性は大いにあります。あなたがしている小さな行動にも意味があるのです。

私にできることは〝勇気づけ〟を一人でも多くの方に届けること。家の前や近所ですれ違った人と笑顔であいさつや会釈をすること。笑顔は伝染します。そして、笑顔は笑顔を呼びます。

笑顔と勇気づけを受け取ってくれた一人ひとりが、「世界は優しい」「人々は仲間だ」という感覚を持てるようになる――。これが、温かい人間関係をつくり、ひいてはよき地域づくり、安心安全の場づくり、わが国づくり、世界平和につながると信じています。

ママも第三の居場所を見つけよう

安心できるところは場所でも人でもいい

「心の器づくり」について〝自分の内側を強固にする〟〝自分と相手の間の枠組みを大切にする〟〝心の器の蓋《ふた》を意識して葛藤をも大切にする〟など、お伝えしてきました。あなたの心の器も少しずつ育ち、強くなってきたのではないでしょうか。

心の器というのは、あなたにとって〝心の安全基地〟となり、安心していられるところ。そこに気づけば、つらいことや大変なことがあっても自分自身を癒《いや》していけるようになります。私たちは、安心して戻れる場所があるからこそ、外で活動することができるのです。

自分の心の中に安全基地ができたら、次は心の外にも自分の居場所をつくっていきましょう。安心できるところというのは〝場所〟だけでなく〝人〟でもいいのです。

多くの方が、ご家庭や学校、職場などが安心できる場所になっていると思いますが、それとは別に心地よい第三の場所が必要ともいわれています。

例えば、お子さんは塾やお稽古事《けいこごと》の先生など。あなたにとっては昔からの友人や習い事の教室などかもしれませんね。

私も家庭の他、心理学やコーチングの仲間、学生時代の友人などいくつかの居場所がありますが、これからも複数の安心できる居場所が持てたらいいなと思っています。

私の大切なパン屋さん

そのためには、勇気を出して、みずから進んで居場所をつくっていくことも大事です。とはいえ、自分から声をかけて居場所をつくるなんてハードルが高いと思われるかもしれません。

実は私も見知らぬ人に声をかけるのは苦手なのですが、講師業をしていると「人と話すのは得意ですよね？」「お友だち、たくさんいらっしゃるでしょう？」などと言われます。実際は話すより聞くほうが多く、友だちもそれほど多くはありませんし、一人でいるのが好きです。そのような私ですが最近、勇気を出して行動したことから、長年通っているパン屋さんでうれしいつながりができました。

そのパン屋さんにはいつもてきぱきと接客され、それでいて優しい笑顔でお客さまとお話しされるすてきな店員さんがいらっしゃいます。なぜか、私はその店員さんのお顔を見つけるととても安心するのです。話しかけたいけれど気恥ずかしい気持ちが先に立ち、なんと十八年も経《た》っていました。

先日、勇気を出して店員さんに話しかけてみました。すると「そんなふうに思ってくださっていたのですか！　うれしいです。よろしければ、お客さまのお名前をうかがってもよろしいですか？」と言ってくださったのです。恐縮しながら名前を告げると、それからはお店に行くたびに「静香さーん」と声をかけてくださるようになりました。

ある雨の朝、子どもを学校に送った後にお店に寄り、「今、子どもを送ってきた帰りなんです」と話すと、「お仕事もされているのにお母さん業も！　ひと仕事されてきたのですね。本当にお疲れさまです。よろしければここでゆっくりされていってくださいね」と優しく声をかけてくださいました。

街中にはたくさんのお店がありますが、名前を呼んでねぎらいの言葉をかけてくださるパン屋さんは、他にありません。このパン屋さんと店員さんは私にとってもう一つの大切な居場所になりました。

心地よい人間関係をみずからつくり出す勇気を持って一歩踏み出すことで、あなたにも新たな居場所が見つかるかもしれません。あなたも心地よい居場所を増やす一歩を踏み出してみませんか。

心地よい人間関係のための境界線

きっぱりと断れますか？

自分と相手との境界線に意識を向け、自分自身を大切にすることが大事とお伝えしましたが、自分は境界線を意識しているのに相手から踏み込まれてしまった場合、どうしたらいいか考えてみましょう。

最近、糖質制限ダイエットを始めたとします。食事制限をして少しずつ体重も減り、効果が出始めたからあと二週間は頑張って続けよう！　と思っていました。

そのようなとき、親友から「やっと有名レストランの予約が取れたからランチに行きましょう」と誘われました。あなたは「ごめんね。今、ちょっと食事制限をしているから行けないの」と断ります。すると親友は「たった一回の食事なんだからいいじゃない。あなたと一緒に行くためにわざわざ予約したのよ」と、なおも誘ってきます。

せっかくダイエットがうまくいっているから行きたくない。でも、また断ると親友との関係にひびが入るかもしれない。どうしよう……。

こういうとき、きっぱりと断れる人はしっかりとした境界線を持っていますが、「あなたが好きな○○だから」「あなたのためを思って」と言われるとなかなか断るのが難しいという方もいらっしゃると思います。実は私もそうでした。

親切にされるのはうれしいことですが、場合によっては相手から境界線を越えられてしまう可能性があります。相手は境界線を越えているとは気づいておらず、善意で動いてくれている。それが分かるからなおさら断り切れない。断ってはいけないと思ってしまう——。

もし、今後も同じようなことが起こると、ますますあなたの領域に踏み込んでくることが多くなるかもしれません。

心の器がまだじゅうぶんに育っておらず、心の境界線が弱くて曖昧《あいまい》な場合は、他者から簡単に自分の領域に侵入されてしまいがちなのです。

自分の境界線を守る六つの振る舞い

もし、自分は境界線を越えられやすいと思われた方は、ご自身の領域を確保するために、相手に「あそこはあの人の領域。入ってはいけない」と意識してもらうことが必要です。

次に、境界線を守るための日常的な振る舞いをご紹介しましょう。

①立ち止まり、自分の本音を確認する

〝本当はどうしたいのか〟〝誰と一緒にいたいのか〟〝何を優先したいのか〟、自分の心の声にしっかりと耳を傾けましょう。

②自分で決める人になる

自分の行動というのは、自分で決めることができます。誰の人生でもなく、自分の人生です。誰かの意見に左右されるのではなく、自分で決めていきましょう。

③自分のやり方、大切にしているものを相手に伝える

今回の場合、〝親友のことは大切〟〝でも、痩《や》せてきた自分の体も大事〟という

二つのことで悩んでいます。あなたの気持ちをさらりと相手に伝えてみましょう。

④断るときに理由を述べず、多くを語らない

③と矛盾しますが、〝もっともらしい理由がないと断ってはいけない〟という思い込みをなくしてみましょう。「ごめんね。今回は行けないの」と淡々と伝えればいいのです。

⑤時間・期間を設定する

「二週間後なら大丈夫になるから」と、時期を伝えてもいいですね。

⑥態度で示す

断るときには神妙な顔つきで声は低く、言葉は端的《たんてき》に短めに伝えましょう。しぐさや態度も大事です。

他者との心地よい人間関係を築くために、まずは自分自身の心地よさを大切にしましょう。相手から踏み込まれないような頑丈な心の器、境界線を育てていくことは、日常の振る舞いから始まるのです。

世界につながる小さな行動

共同体感覚から育つ〝勇気づけ〟

昔と比べると、今の時代は〝個〟を大切にする傾向があり、公共のためと公言することは少し気恥ずかしいという風潮はありませんか？　しかし、私たちは一人で生きていくことはできません。周りの人に支えられ、社会の恩恵を受けて生きています。もう少し大きくいうと、日本があるからこそ、地球があるからこそ、今、私たちはこの便利な生活ができているのです。

だとすると、この日本やこの世界をこれからも存続させ、守るために私たちができることはどんなことでしょうか。

その一つとして、今の私たちに必要とされていることは、進んで公共のために力を尽くそうと思える心を持つ子どもたちや、広い視点や高い視座を持って考えられる若い世代を育てることです。

繰り返しになりますが、アドラー心理学では「共同体感覚の育成」を大切にしています。この共同体感覚を育てるためのかかわりが〝勇気づけ〟になるのです。

自分の居場所があり、そして自分には価値があると思える場所があると感じられること。子どもたちには「あなたはここにいていいんだよ。そのままのあなたに価値があるんだよ」と、繰り返し言葉と態度で伝えていく必要があります。

そうすることで、子どもたちはこの世界は優しくて安全で、周りの人々はみんな仲間なんだ、自分も周りの人も信頼できるんだと理解していくでしょう。

第５章

幸せに気づく人生を

自分の幸せに気づいていますか

幸せとは気づくもの

この章では、今子育てを頑張っているママだけでなく、すでに子育てを終えた方もより人生の深みを増すためにできることを一緒に考えてみたいと思います。

二十代、三十代のころの私は「幸せになる」という言葉があまり好きではなく、〝そもそも幸せって何？　人それぞれ幸せの基準って違うのに〟と、斜《しゃ》に構えていました。

しかし、年齢を重ねてさまざまな経験をして、あるとき気づいたのです。幸せとは「なる」ものではなく「気づく」もの、そして「感じる」ものなのだと。

あなたの日常を見直してみてください。——健康な自分がいる、パートナーがいる、子どもがいる、両親が元気、家がある、ごはんを食べられている、仕事がある——。いかがでしょうか。

JOB

私たちはさまざまなものを持ち、たくさんのことができます。しかし、あまりに当たり前すぎることなので、そのことが幸せなのかどうかも分からなくなっているのかもしれません。

大切なのは〝自分はすでに幸せなのだ〟ということに気づけるかどうかです。そのことに気づくとすべての人がいとおしくなり、あらゆることに感謝の気持ちが湧いてきます。

今、ここに、この時代に生きていること、そして自分の胸に手を当てて「今日もごはんが食べられる。子どもたちがいる。家がある。家事や仕事ができる。今、生きている。ありがとう」と、じっくりと感じてください。

見過ごしがちな当たり前のことに感謝の念を抱《いだ》くことが、よりよく幸せに生きることにつながっていくと思います。

「ありがとう」と言ってもらえないときは

しかし、感謝の思いを常に感じ、誰かの役に立つことをしても、ありがとうと言ってもらえない。見返りや恩返しを期待しているわけではないけれど、報《むく》われているとは思えない。このような残念な気持ちになることがあるかもしれません。そのようなときは恩返しではなく、「恩送り」という言葉を思い出してほしいのです。あなたが誰かにしてあげたことに対する反応は、直接あなたに返ってこないかもしれません。

あなたと相手だけのやり取りだとその感謝の輪は完結してしまいますが、それが恩送りとして、あなたが相手に貢献して、その相手がまた誰かに貢献して……という流れになると、この流れはエンドレス。

他者から親切にしてもらった恩を直接その人に返すのではなく別の人に送ると、感謝と貢献の循環が起きるのです。

つらい出来事にどのような意味づけをするか

起きた出来事にどのような「意味づけ」をするかは、自分自身で決めることができます。

悲観主義者は「ああすればよかった」「あのせいでこうなった」と過去を悔《く》やみ、「あのようになったらどうしよう」「こんなふうになるかもしれない」と未来を憂《うれ》います。

しかし、楽観主義者はつらい出来事があったとしても「今は必要なことしか起こっていないし、すべては必然で最善で起こっている」と考え、「いつか来る未来のために必要だから起こっている」と自分を勇気づけ、前を向いて未来に進んでいきます。

自分の見方、捉《とら》え方一つで、そのつらい出来事は将来の豊かさにも変わるのです。

人生をよりよく幸せに豊かに生きていくために、あなたはどちらを選びますか？

人生の後半により深みを増す

心がザワつく五十歳前後

スイスの心理学者ユングは、人の一生を太陽の運行になぞらえ、四十歳前後を「人生の正午」と表現しました。

少年期から成人前期までを「人生の午前」、真ん中を四十歳前後として「人生の正午」、それ以降が「人生の午後（中年期、老年期）」です。人生百年時代の今なら「人生の正午」は五十歳前後でしょうか。

そして、人生の前半と後半には次のような課題があるといいます。

人生前半の課題：自我を確立すること→自分づくり→心の器《うつわ》づくり
人生後半の課題：本来、自分が持つ「個性」が内側から出てきて、自分自身になっていくこと→自己実現地平線から昇ってきた太陽は、だいたい正午を境に沈んでいきます。私たちは五十歳前後に人生の正午を迎えます。心身の衰《おとろ》えや仕事、家族のことなど、まさに体や心、周りの環境が変化してくるころで、生き方について悩んだり戸惑《とまど》ったり、葛藤される方も多いでしょう。別の心理学者はこのころの悩みを「中年の危機」と呼びました。

特にこの時期は子育てや介護、老いなど、今までとは違う悩みが出てきたり、相手に対して心がザワザワしたりイライラするという方もいらっしゃるかもしれません。

例えば、自分の意見ばかり言っている同僚に対してなぜか心がザワザワする。なんでも頼ってくる友だちに対して、自分ができることはやってほしいとイライラする。人生の前半では自分の中で許容できないことがあってもうまく抑え込んでやってきたけれど、人生の後半になると今までどおりの考え方や生き方ではうまくいかなくなった。このようなことが悩みとなって表れてくるのです。

先の例でいうと、自分の意見ばかり言う同僚に心がザワザワするという人は、本当は自分の思いを伝えたいけれど「出しゃばってはいけない、自分の意見を言ってはいけない」と思ってそれまで生きてきたのかもしれません。

また、頼ってばかりの友だちにイライラする人は、「人に頼ってはいけない」という思いが強いのかもしれません。

ここで自分がこれまで「○○してはいけない」と思って生きてきたことに気づき、「○○してもいいんだ」と自分に許可を与える。そうして抑え込んできた自分を受け容《い》れることができれば自我が確立され、心の器が育ち、それが自己実現につながっていくのです。

苦手な人から少しだけ学ぶ

今、あなたの周りに苦手《にがて》な人はいませんか？

もしかすると、その人はあなたに何かを気づかせようと意味があってあなたの前に表れているのかもしれません。その人は今後のあなたの人生に必要なメッセージを伝えてくれる貴重な存在なのです。

もちろん、苦手な人のようになりましょう、と言っているわけではありません。

苦手な人の一部を少しだけ取り入れてみる。その人がいつも出しゃばって意見を言うのであれば、自分も少しだけ自分の気持ちを周りの人に伝えるようにしてみる。なんでも誰かに頼るのではなく、安心できる身近な人には少しだけ頼って甘えてみる。自分が「ダメだ」と思い、切り離してきた部分に「そういう部分があってもいいんだよ」と自分自身で許可を出してあげる。

今まで自分が苦手としてきたことにほんの少し挑戦してみることで、人間としての幅が広がり、心の器が大きくなり、より深みのある人生を生きていけるようになるのです。

今は人生百年の時代。人生の正午を過ぎても、あなたの人生はまだまだ続きます。いくつになっても、人生の前半と後半の課題に取り組んでいくことが大切なのです。

あなたのおかげで〝今〟がある

働くとは生きること

「働く」「仕事をする」とは、「報酬《ほうしゅう》をもらうこと」と思われる方も多いでしょう。しかし、専業主婦の家事、子どもたちのお手伝い、孫育てのお手伝いなど報酬はないけれど、仕事という分類に分けられるものはたくさんあります。どのような仕事であれ、人類が発展していくために必要だったから続けられてきたことです。働くことは生きることなのです。

私たち人類がここまで続いているのは、ご先祖さまが生きるために必要なことを仕事として分業し、それぞれの役割を果たしてきてくださったおかげです。「仕事」とは、「事に仕《つか》える」と書きます。「人に仕える」のではありません。その「事」に真摯《しんし》に向かい、丁寧《ていねい》に仕えて振る舞う。そうすることで、私たちはやりがいや生きがいを感じるのです。

では、「事」とはなんでしょうか。私は「世の中に起こるすべてのこと・命・大いなる力」といえるのではないかと思っています。自分だけのためではなく、他者や社会のために、事に仕えるということが大切なのでしょう。

『後世への最大遺物・デンマルク国の話』（内村鑑三《うちむらかんぞう》著、岩波書店）には「後世への遺物として、お金、事業、思想が残せる」と書かれています。もし、そのすべてを残せなかったとしても、最大の遺物は「勇《いさ》ましい高尚《こうしょう》なる生涯」とも述べられています。

何を残したかではなく、〝どう生きたか〟ということが大切なのです。

人生の意味ってなんだろう

私たちは、モチベーションを保つために人生においての目標が必要です。あなた自身の人生の目標、人生の意味はなんでしょうか。アドラーは「人生の意味は、他者への関心と貢献、協力」と言っています。まさに貢献は「働く」ことにもつながります。

人は一人では生きていくことも、たった一人で働くこともできません。私たちの「社会」「人生」というのは、先人たちの知恵と努力の上にあります。

私たち一人ひとりが、目の前の仕事に思いを込めて打ち込む。その振る舞いが未来を、未来の子どもたちが住む地球をつくっている——。そう思うと胸が熱くなります。

アドラーは『生きる意味を求めて』（アルテ）の中で、「共同体感覚は、社会全般の幸福の導《みちび》きの星である」と言っています。社会全般の幸福は、私たち祖先の貢献に基づいています。道路も畑も車もお店もすべて。数えきれないくらい便利で豊かな今の世の中は、すべて祖先の努力、働きによって培《つちか》われたものです。その思いを私たちが受け取り、引き継ぎ、後世につないでいく。

「私はこの長い人類の歴史の一ページを担当している存在なのだ」と思うことで、「働くこと」「仕事」に対する思いが少し変わりませんか？　あなたが、その仕事をしてくださっているおかげで、〝今〟があるのです。

優雅で軽やかな年齢の重ね方

自分のための時間を幸せに過ごそう

あなたは自分のための時間を持っていますか？　昔やりたかったけれど、子育てやさまざまな理由でやれなかったこと、やらなかったこと、学べなかったことなどはありませんか？

まだそこに興味があるならば、今それをやってみましょう。もちろん新しいことも！

すでに子育てが終わり、仕事もリタイアされているのなら、自分自身に使える時間と精神的な余裕があると思います。これからは、あなた自身のための時間を幸せに過ごしていただきたいのです。自分のための時間を過ごすことも「ご自《じ》愛《あい》」につながります。

視野を広げてトライしよう

アドラーの弟子であるW・B・ウルフは『どうすれば幸福になれるか（下）』（一光社）の中で「成熟期のあいだに老年期の準備をしておくと、幸福をつかむチャンスがはるかに大きくなることは明らかだろう。（中略）青年時代から成熟期の初めにかけて、老年期も続けられるような活動を身につけておくことは誰にとっても必要である」と述べています。

では、その準備をしてこなかった方はどうしたらいいのでしょうか。そういう人の最良の保険は、視野を広げること、柔軟《じゅうなん》な精神と世の中に対する興味を身につけることだとも言っています。

ベストセラーになった『ライフ・シフト　100年時代の人生戦略』（リンダ・グラットン／アンドリュー・スコット著、東洋経済新報社）には、「戦後私たちが規定してきた『教育―仕事―引退』という『3ステージモデル』が終わりを迎え、仕事・学び・遊びの境界がなくなる『マルチステージ』に移行していく」と述べられています。

人生百年時代の今、一つだけの職業や生き方ではなく、マルチステージを生きていく。視野を広げ興味を持ったことにどんどんトライしていきましょう。

年齢を重ねてくると、以前のように体の自由がきかなくなり、運動も元気な孫のお守《も》りもできない……と残念に思うことが多くなるかもしれません。そのようなときに、年齢を重ねてきた自分だからこそできることをあらためて考えていただきたいのです。

前述のW・B・ウルフは、「優雅《ゆうが》に年をとるという芸術を学ぶことが必要である」とも述べています。あなたが自分を大切にしながら日々を過ごしている姿、優雅に軽やかに年齢を重ねるという芸術を若い世代に見せてください。

体を動かして直接何かをするだけが役に立つことではありません。〝何かができる・できない〟というＤｏｉｎｇではなく、〝あなた自身の在《あ》り方・生き方〟のＢｅｉｎｇが重要です。あなたの思いやかかわりが子どもや孫、次の世代の思い出となり、彼らの知恵や工夫として残り、必ず後世に引き継がれていきます。

あなたが存在している。命をつないでくれている。そのことがすでに世の中の貢献につながっているのです。

一度きりの人生を丁寧に生き続けよう

「幸せの青い鳥を贈ります」

私は結婚するまで看護師をしており、看護をした患者さんから手紙をいただいたことがありました。当時、私は最先端の医療を取り入れた大学病院の心臓外科病棟に勤めており、重い心臓病の方も入院されていました。

私に手紙をくださったKさんは重症の心不全で、補助人工心臓（心臓の働きを補助する機械）をつけていました。よくなるためには心臓移植しかなく、それまでの橋渡しとして補助人工心臓をつけて治療をされていたのです。

私はKさんをICU（集中治療室）で看護させていただいていましたが、状態が落ち着くと一般病棟に移られました。

Kさんは家族思いの笑顔がとてもすてきな女性で、私が結婚のために退職することを知ると、次のような手紙をくださいました。

私がICUに入っていたときは、大変お世話になりました。私は何もお祝いをしてあげられないので、せめてこの折り鶴を「幸せの青い鳥」としてお贈りします。ご主人と一緒になられたら、たくさんの子どもとうーんと明るい家庭をつくってください。

「子は親の鏡。見つめてあげれば、子どもの頑張る心になる。また、和気あいあいの家庭で育てば、子どもはこの世の中はいいところだと思うようになる」と、『子どもが育つ魔法の言葉』という本に書かれていました。これは、まだちょっと早かったかもしれませんね。

私はあとどのくらい大学病院にいるか分かりませんが、希望を持って頑張っていきたいと思っています。

先生方、看護師さんが一生懸命明るくしてくださいますので、私も頑張ります。応援してくださいネ。身体に気をつけて無理をしないでください。

ご結婚おめでとう！〝バンザイ〟

頑張るKより

思いもしなかった手紙をKさんからいただき、目頭が熱くなったのを今でも覚えています。

補助人工心臓の中に血栓《けっせん》（血のかたまり）ができ、心臓や肺、脳に飛んだらすぐ命にかかわるような多くのリスクを抱えての治療。常に死と隣り合わせだったのに、愛情とユーモアたっぷりの温かいお手紙に青い二〇センチくらいの大きな折り鶴を添えてくださったKさんの存在と生きざまから、私は多くのことを学びました。

誰かの心に光を放ち続ける生き方

その後、大変残念なことにKさんは心臓移植をすることなく亡くなりましたが、この手紙と折り鶴は今でも私の大切な宝物です。死を意識しながらも他人の幸せを祈る生き方――。

オーストリアの精神科医、V・E・フランクルは、人生に与えられている意味と使命を見つけるための手がかりとして、三つの価値を提示しています。そのうちの一つが「態度価値」です。

自分では変えることのできない出来事に対して、その出来事に直面した人がどのような態度をとるかによって実現される価値。Kさんは、まさにご自身の命と向き合いながらも他者を思いやる心を持ち続け、最期まで伝えるという態度をとられました。

手紙と青い大きな折り鶴、そしてKさんの存在は、私の心の中で永遠に深く静かに光を放ち続けています。

人生は一度きり。そしていつ終わりを迎えるか分からない。だからこそ、毎日を丁寧に生き続ける。この世を去ってもなお、誰かの心に光を放ち続ける生き方――。

私もそのような生き方ができたらと思っています。

年齢を重ねたからこそできる学び方もある

疑問や思いを置き去りにしない

子どものころはたくさんのことを学んできたのに、大人になるとほとんど本を読まないし、新しいことを学ぶ機会もない、そもそも学ぼうという意欲も湧いてこないという方は少なくないでしょう。

学生のころは、興味を持たない科目でも必修科目という理由で必ず勉強しなくてはいけませんでした。気がのらない学びは苦痛を伴ったかもしれません。

しかし、年齢を重ねた今だからこそできる学び方、楽しめる生き方があるのではないでしょうか。大人の特権は、自分が好きなことだけを学べるということ。余裕があるからこそ学びを楽しめるのです。

以前は実際に足を運んで講座を受けに行ったり、本を読んだりと、学びの方法は限られていましたが、今はパソコンやスマートフォンのアプリを使って学ぶ手段などたくさんあります。

また、目が見えにくくなって本が読めないという方には、耳で音を聴きながら学ぶ〝耳活《みみかつ》〟という方法もあります。

私の講座やカウンセリングには、還暦を過ぎた方もいらしています。皆さん学んだ後は日記に書いたり、誰かに話したり、慣れないながらSNSを使い、ご自分の言葉で発信されています。学ぶ（インプット）→発信する（アウトプット）→第三者から感想や意見をもらう（フィードバック）、という循環で学びは定着していくのです。

中には自分は何に興味があるのか分からず、一歩が踏み出せない方もいらっしゃるでしょう。まずは、あなたの中にあるアンテナを立てて目の前の小さな出来事に意識を向けることから始めてみましょう。

例えば、家族との会話の中で気になる言葉が出てきたとします。今までだったら聞き流していたその言葉を辞書で調べてみたり、インターネットで検索してみたりする。そこから気になる人や言葉が出てきたら、続けて検索してみる。関連する本が出てきたら、図書館に行って読んでみる。

私は気になる言葉があると、芋づる式に調べていく癖《くせ》があります。一つの疑問からでも、学びは大きく広がっていくのです。

小さな疑問でも置き去りにしない！　それが学びを始める一歩になります。

大きな学びは小さな疑問から

日本地図を作った伊能忠敬《いのうただたか》は五十歳のとき、十九歳も年下の天文学者に弟子入りしました。忠敬は、学びを深めていくうちに緯度《いど》一度の長さに興味を持ちます。「これが分かれば地球の大きさが分かる。それが知りたい！　では、自分の一歩の幅をもとに距離を測ろう！」という思いがやがて日本地図完成につながったのです。

最初から地図を作成することが目的ではなかったということを知ったとき、私はとても驚きました。忠敬の「知らないことを知りたい」という子どものように純粋な思いが日本地図作製の始まりだったのです。これは、まさに内発的な動機づけですね。

当時は五十歳を過ぎると〝ご隠居《いんきょ》さん〟と呼ばれる時代でしたが、忠敬の行動力は他者や後世の人々に大きな影響を与えました。学び始めるのに遅すぎることはありません。いつからでも自分の人生を楽しみ、変えることはできるのです。

あなたのアンテナに触れることはどんなことですか？　自分の制限を外《はず》し、チャレンジしてみる。今、目の前の小さな疑問や思いを置き去りにせず、あなたも小さな行動から始めてみませんか。

やりたいこと、やりたくないことを区別する

自分のやりたいことを知る

自分を大切に扱い、なりたい自分に向かって歩んでいく。そのためには、自分

の心の声を聴き、自分の欲求を満たしてあげることが大切です。
あなたにはやりたいこと、学びたいことはありますか？　逆にやりたくないことはありますか？　書き出してみると、それに気づくことができます。ここで一つ、ワークをやってみましょう。まずはお手元に鉛筆とＡ４サイズくらいの紙を用意してください。

ワーク①**「やりたいことリスト」**

「やってみたいこと、やりたいこと」を三つ書き出してみましょう。例えば、「家族と旅行に行く」「憧《あこが》れの山に登る」「スカイダイビングをする」「一日中、大好きな映画を観る」「パソコンについて勉強する」など。

ワーク②**「やらないことリストのための洗い出し」**

紙の真ん中に一本縦に線を引き、一センチ間隔で印を付ける。普段、自分が何をして過ごしているのか、朝起きてから夜寝るまでの一日の流れを一時間ごとに書き出してみる。すると、「朝起きてすぐの六時半、朝食をつくった後の七時半、子どもを送り出してからの八時、洗濯物を干した後の十時、それ以外にも四回ほどスマホでＳＮＳをチェックし、メールの確認をしている」「食事の用意に二時間もかけている」「一日に何回も買い物に行っている」など、行動が視覚化されます。

ワーク③「やらないことリスト」

ワーク②で気づいた不要と思われることすべてを「やらないこと、しないこと」として書き出しましょう。

これらを書き出すことにより、普段やっている家事や育児、介護、仕事などに関することだけでなく、日々の人とのかかわりや時間の使い方が本当にあなたの心を満たすことなのか、不要と思えることなのか、見直すことができます。もしかしたらＳＮＳのチェックは朝と夕方の一回ずつでもいいかもしれません。食事の用意は一時間くらいでできるかもしれません。書き出すことで、やらなくてもいいことが見えてきます。

ここで重要になるのは「やらないことを決める」こと。「やらないこと、しないこと」リストの中には「嫌《いや》なこと」「苦手なこと」も含まれるかもしれません。

これらを手放すことは、あなたの中の〝嫌〟という心の声を大切にすることにもつながります。

このように、ワーク②で気づいたことと「嫌なこと」「嫌いなもの」「苦手なこと」を自分の中から押し出すように排除していくと、あなたの周りには壁ができて心の器の境界線が引かれていきます。

「嫌いなもの」や「やりたくないこと」はあなたの心の器の外側に出ていき、「好きなもの」や「やりたいこと」はあなたの内側に残ります。

そうやって、好き、嫌い、やりたい、やりたくないという心の声を聴いて区別し、自分自身を大切にしていくことで、心の器がつくられていくのです。

大事なのは、あなたが自身の心の声をしっかり聴き、大切にすること。ご自愛すること。そうやって意識していくことで、少しずつ頑丈な心の器がつくられていくことでしょう。

あるがままの姿〝老い〟を受け止めよう

〝老いる〟〝死ぬ〟ってどういうこと？

核家族が増え、身近で「老い」や「死」を感じることが少なくなった現代。しかし、核家族であっても日常の会話からこれらを感じ、家族で共有することはできると思っています。

わが家の娘たちは、自分の手帳やカレンダーに家族の誕生日を書き込んでいます。私の亡き父の誕生日も「おじいちゃんの誕生日」と書き、美味《おい》しいごはんを食べるときなどはお皿を天に掲《かか》げ、「おじいちゃんも食べてね」と語りかけています。

また、本はとてもよいきっかけを与えてくれることがあります。娘は幼稚園で配布された月刊誌に体のことが載っていたことをきっかけに、「人の体」に興味を持つようになりました。彼女の〝もっと知りたい！〟という気持ちに応《こた》えるために、幼児用の図鑑を購入。その中で、「うまれる」「いのち」というページに書かれていた『「しぬ」ってどういうこと?』という部分で、私の父のことを考えたようです。おじいちゃんに抱っこしてもらっている写真はあるけれど、自分の記憶にはない人。

娘に「死ぬってどういうこと?」と質問されて、図鑑に書かれていた内容を丁寧に分かるように伝えたことがあります。一つひとつの命が終わって体はなくなるけれど、新しい命につながっていること。会うこと、話すことはできなくなるけれど、みんなの心の中には生き続けていること。また、図鑑に加えて『わすれられないおくりもの』(評論社)という絵本を読み聞かせました。

年老いたアナグマが死んでしまうと、森のみんなは悲しみますが、季節がめぐり、お互いにアナグマの思い出を語り合います。自分ができるようになったことは、すべてアナグマに教えてもらったこと。切り絵、スケート、料理……。誰もが何かしらアナグマとの思い出がありました。アナグマは、別れた後でも宝物になるような知恵と工夫を、森の仲間に残してくれていたというお話です。アナグマは、森の仲間それぞれと対話を重ね、丁寧にかかわる時間をとっていたのです。

日ごろの対話を大切にしよう

年齢を重ねた親と対話をすると、理解をするのが遅くなったり、忘れっぽくなったりと、以前とは違ってきた親の姿にさまざまな感情や葛藤が生まれてくることでしょう。

しかし、お互いが幸せでいられるように尊敬や信頼をし合い、責任を分かち合うことができれば、より家族の絆《きずな》を深め、健全な結びつきが保てると思います。喜寿《きじゅ》や米寿《べいじゅ》など、年齢を重ねる行事を共に祝うのもいいですね。

遠くに住んでいてなかなか家族が集まることが難しい場合は、手紙やメール、テレビ電話などを利用し、できることを見つけていくことも大事です。

普段から対話を重ねること。祖父母、親、子どもも含めて対話する時間を持ち、日常の続きとして「命」「老い」「死」について語り合えたらいいですね。

心の成長に必要な「さなぎ」の期間

ドロドロもやもやが必要なワケ

ここまで心の器づくり、勇気づけについてお伝えしてきました。

心の器について、第2章で錬金術《れんきんじゅつ》の変容過程になぞらえてお話ししましたが、ここでは青虫にたとえてお伝えしたいと思います。

青虫は成長するとすぐに蝶《ちょう》になるでしょうか。いいえ、青虫は蝶になる過程で必ず「さなぎ」になります。さなぎはしっかりと硬い殻《から》（枠《わく》）に覆《おお》われています。その中で、幼虫の体はいったん溶《と》けるようにドロドロのクリーム状になるそうです。殻の中で蝶になるために必要なプロセスを経て、変容しているのです。

私たちの心の変容も同じようなもの。心が成長するためには、蝶のようにドロドロの状態からさなぎになるようなプロセスが必要不可欠！　悩みからくる心のドロドロもやもやも、私たちの心の成長には必要なことなのです。

成長！
ドロドロ
もやもや
……
成長！

もしも今、あなたの心の中にドロドロもやもやがあって前に進めないとしても、それは「さなぎ」の状態であるということ。「今、私はさなぎの状態で、きれいな自分色の蝶になるためにはドロドロもやもやも必要なことなんだ」とじっと静かに待ってみましょう。

心の成長と変容のために必要なさなぎを経て、時がくればあなたのタイミングで殻を破り、あなた色の蝶になれるのです。自分自身を信じましょう。あなたはあなたの一番の応援団なのですから——。どんな自分も「ご自愛」です。

ドロドロのさなぎからきれいな蝶に変化したあなたは、きっとより寛容で優しく、勇気あふれる人になれることでしょう。

あなた色の人生を送るために

自分を大切にするための五つの方法

これまで何度かお伝えしてきたように、自分を勇気づけるためにはまず自分の心の器を満たすこと、自分を大切にすることが重要です。

最後に、あらためて自分を勇気づけるための五つの方法をご紹介しましょう。

①さまざまな自分に気づく

優柔不断《ゆうじゅうふだん》さん、イライラさん、頑張り屋さんなど、さまざまな自分が〝いる〟ことに〝気づく〟ことが大切です。

②自分の心の声を聴く

あなたの周りにいる人たちの声を聴くことも大事ですが、何よりあなたがあなた自身の声を聴きましょう。自分自身を世界で最も大切な人として扱ってあげましょう。

③自分に語りかける

「朝、ちゃんと起きられたね」「今日もごはんつくれたね」と、当たり前のように目立たない日常に注目し、自分に語りかけましょう。勇気づけの言葉は、毎日の行動の実況中継から始めてもいいのです。

④よい悪いと判断しない

ネガティブな声もポジティブな声も、どちらもあなたの声。よいも悪いもありません。〝気づく〟だけで大丈夫。

⑤不完全さを受け容れる

どんな自分にも許可を出して、自分の内側に居場所を与えてあげましょう。ネガティブに思える自分がいても排除しようとするのではなく、「そっか、イライラする自分も優柔不断な自分もいるねー。いていいんだよ」とつぶやいてみましょう。

先に述べた「そっか、ねー、いいんだよ」の法則です。「いていいんだよ」と声をかけてもらった「イライラ」「優柔不断」のかけらは、少しずつ小さくなり収まってくれます。

本書の「はじめに」で負《ふ》のループを抜け出すためにできることを二つお伝えしましたが、具体的にはこの五つの方法を取り入れていただけたらと思います。

あなたの心に勇気と幸せのひとしずくを

自分を大切にできる人は、相手も大切にできます。自分の不完全さを受け容れられるようになると、他者の不完全さも受け容れられるようになります。その考え方が波紋となって循環し、優しく豊かな世界がつくり出されていくのです。

一日ひとしずくでいいのです。あなたが優しさと豊かさと勇気のしずくを落とし、それを周りの人にぜひ伝えてみてください。ここまで私がお伝えしてきたことが一つでもあなたの心の器に入り、勇気と幸せのしずくを落とすという行動につながれば幸いです。

あなた色の蝶となり、あなた色の人生を送っていきましょう。〝あなた色の人生とは、あなたが大切にしている価値観や使命、究極の目標を持って歩むこと〟といえるでしょう。もちろんそれはずっと同じではなく、変化してもいいのです。

あなたはあなたのままでいい――。すべての自分に対して「これも全部、自分だよね」「そんな私でいいんだよ」と語りかける。「私は私、これでいい」と思えることが何より大事なのです。

そして、このような気づきと学びを若い世代に伝えていくことも、私たちの役目なのです。

今、私が一番大切にしているのは、心の器を勇気のしずくで満たし、貢献し合える世界を共につくること。究極の目標は〝貢献〟です。

アドラーは「人生の意味は全体への貢献である」と言っています。一人ひとりが〝ご自愛〟を実践し、心の器を満たし、貢献し合える世界を共に創っていきましょう。

おわりに

最後までお読みくださりありがとうございます。

この本は、平成三十一年の一月から四年三か月、月刊誌『れいろう』（公益財団法人モラロジー道徳教育財団）に連載させていただいた「勇気づけ子育てであなた色の人生を」と「勇気づけ自分育てであなた色の人生を」を元に作られたものです。単行本化にあたり、五一の記事を再構成し、加筆修正しました。

「勇気づけ」と「心の器《うつわ》づくり」をベースに「ご自愛《じあい》レッスン」をお届けしてきましたが、いかがでしたでしょうか。

他者からの承認を待つのではなく、他者から満たしてもらうのを待つのではなく、自分の心の声や気持ちに気づき、認め、自分で自分を勇気づける。そして、自分で自分を癒《いや》し、愛《いつく》しむ。これらのことを世の中のたくさんの人ができるようになると、心にゆとりが生まれ、心身ともに健康になり、他者を勇気づけることができるようになります。あなたが学びを実践していくことが、感謝と貢献、愛と幸せと豊かさの循環となり、よりよい世界が創られていくのではないかなと思っています。ただ、ご提案したすべてのことができなくても大丈夫です。少しずつ少しずつ六割主義でいきましょう。

自分を愛しむこと。ご自愛レッスン。それは、小さな行動、ひとしずくでいいのです。すべてはあなたからはじまります。ドロップエフェクトを広げていきましょう。

この本があなたのお役に立てたとしたら、うれしく思います。

最後に、この本を執筆するにあたり多くの方にご支援いただきました。父のように寄り添い、励ましてくださるアドラー心理学の師匠、岩井俊憲《いわいとしのり》先生。勇気づけとモラロジー道徳教育財団に出合うきっかけをくださった原田綾子《はらだあやこ》さん。発信と出版のことを丁寧に惜《お》しみなく教えてくださった樺沢紫苑《かばさわしおん》先生。コーチングや心の器のことなどさまざまな心理学のことを教えてくださった野口嘉則《のぐちよしのり》さんご夫妻。

勇気のしずくの受講生さん。いろいろな相談に乗ってくれた大切な友人たち。ブログ、メルマガの読者さん。ＳＮＳのフォロワーさん。執筆期間中サポートしてくれた夫と娘たち。四年三か月の連載と単行本化を支えてくださった編集部の皆さま。かかわってくださったすべての方。そして何より、この本を手に取り、最後までお読みくださったあなたへ。

心からの感謝を申し上げます。ありがとうございました。

令和五年十月三十日　　長谷静香

【著者略歴】

長谷静香《はせしずか》

コミュニケーションサロン勇気のしずく代表。心理カウンセラー・メンタルコーチ・看護師・保育士。
1972年、福岡県生まれ。茨城県在住。3児の母。コミュニケーション講師歴18年。大学病院に10年間看護師として勤務。退職後、ベビーサイン講師として活動中、子育てに悩みアドラー心理学に出合う。岩井俊憲氏に師事しアドラー心理学勇気づけセミナー講師・カウンセラーとして活動。2017年より野口嘉則氏に師事し、コーチングとカウンセリングについて学びを深め、メンタルコーチになる。現在、官公庁・医療・介護・行政・教育機関・企業向けの研修・講演を全国で展開。誰かを勇気づけるためには、まずは、自分自身の心の器を勇気のしずくで満たすこと。心の器を頑丈に作り、心の器を満たし、あなた色に生きる生き方をサポートしている。「心に1日ひとしずく。勇気のしずくで心の器を満たし貢献し合える世界を創る」をミッションに活動中。

周りを優先し過ぎるお疲れママのための ご自愛レッスン

令和5年11月26日　初版発行

著　者　　長谷静香
発　行　　公益財団法人モラロジー道徳教育財団
〒277-8654 千葉県柏市光ヶ丘2-1-1
TEL.04-7173-3155（出版部）
https://www.moralogy.jp
発　売　　学校法人 廣池学園事業部
〒277-8686 千葉県柏市光ヶ丘2-1-1
TEL.04-7173-3158
印　刷　　精文堂印刷株式会社

ISBN 978-4-89639-292-0